玉の井という街があった

前田豊

筑摩書房

目次

玉の井という街があった

いまはむかし〝玉の井〟ありき

暗い青春

年を重ねるに従い、なにかにつけ、思い出されるのは青春時代のことである。青春というのは人生における一種の無法時代で、貧乏人は貧乏人なりに、また、余裕のあるものはそれなりに、だれしもある程度奔放な生をたのしむことができた。やろうとしてやれることのできない冒険も、避けようとして避けることのできぬ恥辱も、この時代には一つの甘美な経験として、一様に享受できたのである。花園の蜜《みつ》を追い、いばらの道におのれをきたえる青春とは、なんと奢《おご》れる時代であることか。

だが同じ青春時代でも、人と境遇によって種々の差があることは言うまでもない。数多くの異性と交友を持ち、さながらスターのような生活を送るのも青春の一形態なら、ただ一度の恋愛経験もなく、ひっそりとものさびしく、だれにも知られぬままこの時代を過ごしていく者もある。

そして後者のような青春時代を送る者がいかに多かったことか。細かい数字は知らず、私の経験によっても、大部分、青春時代をこうして無為にすごしてしまった者が多かった。

恋愛という行為はどういう形式で、どのような心理作用で成立するものか、まったくわからなかった。小説、戯曲、映画、詩歌、その他いろんな表現形式に、恋愛という男女の燃焼形態が存在することは知っていても、それがどういう機会で自分に当てられるのか、まったく五里霧中で、ただ青い鳥を追うように毎日あてもなく、あくせくとその日を送るのが、かつての多くの青年たちの現象だったのではあるまいか。

恋愛の精神性はわかるが、それは一つの信仰として抽象化し、現実の日常生活のなかではかなり遠い存在であった。手間ひまかけて恋愛を追っていられるほど体力のほうが待ってくれなかったし、歳月に依存する余裕もなかった。少しでも早く、異性に接しなければ制御できぬ体内の欲望は、率直にいって、恋とか愛とかのめんどくさいものを待っていられぬ実情だったのである。心理的には恋愛を求めていても、肉体が待ち切れなかった。

そこで男性の場合でいえば、そうした鬱屈した暗い青春時代にあって、わずかでも肉体的及び精神的飢渇を救ってくれたものが、遊里というものの存在であった。昭和三十三年三月三十一日、売春防止法という日本開闢《かいびゃく》以来の法律が制定実施されるまでは、青年たちはこの施設を利用し、大手を振って束の間の恋を満たすことができたのである。

それはむしろ恋などという精神的なものではなく、一種の排泄に近い行為といえたかもしれない。男性が女性を排泄の対象にえらぶなど、ずいぶん女性を愚弄した行動に取れるが、人類最初の商行為は売春だといわれ、日本でも大昔（奈良時代）から伝えられる風習だった。

しかし、一概に男性が売春街に没入できる社会的条件にめぐまれていたとはいえ、戦前に青春時代を送った男性は、よほど特殊な境遇にめぐまれぬかぎり、一様に貧しかった。現代日本の経済状態からは想像もできぬほど、人間がみんな貧乏だった。生活が質素だった。いわんや自立する若者たちにとって、その弊はひどく、キチンと三つ揃いの服を着ているものなど、よほど余裕のある家庭の子弟か、一流会社員ぐらいのもので、その他はたいがい上下チグハグな服しか着られなかった。遊里へ出かけるにも電車賃やタバコ代を節約し、質屋通いをして辛うじて目的を果たしたのである。

昭和四、五年（一九二九、三〇）頃から十年近くまで、新劇ボーイとしてその日暮らしの生活をしていた私の青春時代もまた、ご多分に洩れず、貧乏そのものだった。当時はプロダクションという現在のような俳優の統合機関もなく、少数の新劇団や中間演劇団体のアトラクション、映画、ラジオ放送などにエキストラとして駈けめぐり、わずかな日当しか得られないから、いつもふところはピーピーで、服はたいがい、アメリカ流れの脂《やに》くさい大柄な古着だったし、靴は見かけだけの皮革で、露店で買ったものが多かったため、すぐ釘《くぎ》で靴下が破れた。

それでもなおかつ、初日があいて出演料を手に握りさえすれば、まっ先にかけつけるのが遊里の巷だったのである。

昭和四年十一月、本郷座（本郷春木町所在。いまはない）で築地小劇場が「西部戦線異状なし」を公演した時、舞台稽古《げいこ》の日に、主役のパウル・ボウメルをやった滝沢修が塹壕《ざんごう》へとび降りる場面で、運悪く腰の短剣を脇腹にぶつけてケガをするというハプニングが生じた。すぐ回復すると思ったものが容易に治らず、結局入院する羽目になり、そのごたごたの最中、楽屋裏で左翼劇場から応援にきていたエキストラ同士の反目闘争があり、ちょっとした流血事件が起きた。

何しろうるさい思想団体の事件なので、ただちに警察がかけつけ、本郷座を包囲してしまい、外へ出るにも出られぬ始末。私はその時、左翼演劇団体とは全然関係のない、いわば芸術至上主義を奉ずるエキストラ仲間に加わっていたが、稽古《けいこ》は中断され、ぼんやりしてもいられず、さりとて、うっかり演劇至上論をぶって警察に左翼とまちがえられるのもいやだったので、なすすべもなく楽屋内にとじこもっていた。すると、だれか頭のいいやつが、「時間の損失だ。吉原へ行こう」といい出した。本郷から吉原ならタクシーで三十銭の距離である。

ちょうど出演料を前金でもらったばかりで、ふところはあたたかだった。そしてさらにこの頭のいいやつが警官に交渉したあげく、イキなお巡りさんの諒解を得て、私達四、五人は無事包囲を突破したという事があった。へんにこじれた事件の中でも、遊里という場所をちょっと口にしただけで、人の心をやわらげる妙な順応力が働いたものだった。

しかし、これは一つの成功例で、反対現象が起きる場合もあるから、濫用《らんよう》はできない。

エキストラというのはむろん定職ではなく、一種の宿り木で、何もする仕事がないから青春時代のひまつぶしにやってやろうという方便に使う者が多く、そのため顔ぶれが絶えず変わっていた。学生、勤め人、自営業、画家、詩人、教師等、いずれも自称連ばかりで、真偽のほどはわからぬものが多かった。後の「徳川家康」の作者、山岡荘八氏も若き日の一時期、この西部戦線上演の際にエキストラとして参加していたといわれる。黄門さまの東野英治郎、小沢栄太郎なども当時のエキストラ組である。

そして、エキストラ仲間にはずいぶん変わり種がいた。十五年間勤務した図書館の退職金を三日で玉の井の女に使い果たし、ケロッとして相変わらずひやかしに通っていた男もいたし、洋画で二科展へ入選し、絵が売れて懐中があたたかくなると同時に、これも玉の井に入れあげて一文なしになり、やがて窓の女の似顔絵描きになったが、どうしても女から金を取ることができず、無料で呉《く》れてやるため収入がなくなり、ついに街から追い払われるように姿を消した男、等々……。一種の玉の井中毒者である。玉の井ばかりでなく、遊里にはどこにもこれに似た落ちこぼれの浮浪者がいたものらしい。

また、そのころは左翼盛んなりし時代でもあり、自室に日本文学全集を並べ立てる

旧玉の井銘酒屋街（昭和15年頃）「ちょっと、兄さん」——女性は、3尺の切土間の小窓から顔をちらつかせ、声をかけたり、手招きをして遊客を誘った。

娼婦もいた。だが寝床へ入ってからひそかにインターナショナルの歌などを口ずさんで気を引いてみるのだが、一向に相手に通用しなかったのである。

Aという男は相当なロマンチストで、ラブレターを書き溜め、二度目に上がった時（この社会で裏を返すという）相手に渡して帰ることにしたが、二十人以上の女に接しても、ついに一通の返事も来なかった。それでもこの男は性こりもなく言った。「面白いもんだよ」。

それに反して純情詩集のような行為で、うまく女の誠意をかち得た男もある。Bは女の元へ通う時、いつも小銭を用意していた。女がふしぎに思って訊くと、つもり貯金から引き出してきたという。女はその誠実さに打たれ、将来経済的に安心できる堅《かた》物《ぶつ》と見なしたものか、自分も協力して金を貯め、愛を誓った。つもり貯金は全く偶然だったのだが、三、四年後、ここから一組の夫婦が生まれたことにまちがいはない。

遊里から生まれた夫婦は数多くあるのだが、一般社会にとけ込み、また彼ら自身もそれを隠すため比較的目立たない。その反対に後述するヒモ関係の夫婦というのもじつに多かった。

いずれにしろ、青春時代の男性にとっては、女の元へ通うこと自体に意義があり、結婚までは深く考えないのが常例だったろう。そこまで精神的な打ちこみはなかったように考えられる。荷風の「濹東綺譚」などでも、女が結婚を持ち出すことによって、それまでの愛情の経緯が立ちどころに崩れ、一挙に結末へ導かれることになる。

一時、徳田秋声の子息が玉の井一の美女と駈け落ちしたことで有名になり、当時は追随者が多く出て、文学青年じみた男を娼家では警戒する風潮がつよかったが、玉の井にかぎらず、この社会の女は自分に対応力がないせいか、知識階級を余り歓迎しなかった。後章でその時代の娼婦の教育程度を記してみるが、大体において理屈っぽい客がきらいで、手際よくきれいに遊んで、さらっと帰る、イナセな男を好んだのである。

ヒモなどがうまく女に取り入るのも、巧妙にこの手を用いたからだ。誇張していえば、この社会の女にとって、知識は不必要だったともいえる。彼女らがもっとも欲しがるものは男の力であった。金力、体力、生活力、腕力……。

青春とはいったいだれがつくった言葉なのだろう。人間の一生のなかで、時代によって区切られるいくつかの年月があるなら、およそこの青春時代ぐらい短命なものはなかろう。しかも人生のなかでもっともいろどられた時代なのである。神さまはじつに皮肉な配分をあたえてくれたものだ。

夜となく昼となく、わずかな金さえ持てば窓の女に通い詰め、貴重な歳月を棒に振った男たちも青春ならば、方一尺の小窓のなかに若き日のすべてを送った女たちもまた青春の犠牲者といえよう。青春とはなんとあわただしく物悲しいものか。

さて、前口上はこのくらいにして、多くの青春を呑み込んで、いまや伝説化された過ぎし玉の井の人間模様をとりあげ、できるだけ当時のすがたを再現してみよう。玉の井という遊興街そのものが青春の一部だった時代を振りかえって——。

私娼窟玉の井の誕生

「玉の井」のことを調べていると言うと、むかしを知る人なら十人が十人、きまって、

「いま、どうなってるんですか」

と訊きかえしてくる。

その言葉うらにはなにかしら仄《ほの》かな期待と郷愁が寄せられる感じであった。

「いや、なんのへんてつもない、普通の街ですよ。住宅、商店、工場、倉庫、飲食店など、だいたいそんな建物ばかりです」

すると、相手はたいがい多少失望の色を浮かべてだまり込んでしまう。

売春防止法実施後、三十年近くなる現在、むかしの売春街がそのままの状態であり得るはずはないと考えるのが普通で、トルコ風呂、キャバレー、バー、待合など、昔

ながらの歓楽街が一時は公然と旧地に復活したのであるから、あれだけ殷賑《いんしん》をきわめた玉の井私娼街が、たとえ法律の圧力にせよ、一朝にして壊滅することはあるまいと考えるのは当然であろう。防止法が半ば空文化したといわれる昨今、裏にはまた何か復興の気配があるのではなかろうかと、勘繰りたくなるのが人情である。

しかし、いまも言ったとおり、現在は何もない平凡な街にすぎない。あるのは喫茶店か居酒屋ぐらいで、このテの女ッ気のみじんもない、まことにあっけらかんとしたありきたりの街でしかない。

一度でも昔の玉の井に足をふみ入れた経験を持つ者なら、これがあの街かと、ただ茫然とするほど街の様相は一変し、昔を想起するよすがは何物も残されていない。

あの、古い陰気な屋根つづきの、みすぼらしい二階家が立ち並ぶ私娼街。一度足をふみ入れたら、容易には出られない曲がりくねった迷路。一軒一軒同じような方一尺(三〇センチ)程度の小窓に並ぶ女の顔。——それらは悉く昭和二十年(一九四五)三月十日の空襲で消失し、いまは昔の夢と消え去った。

売春防止法施行後、さらに追討ちをかけるように六十年二月には新風俗営業法が実施され、この種の「女の街」が法制上日本から姿を没した現在、今ごろ「玉の井」の街を取り上げて解説をこころみるのは、いささか時宜を失することになりかねないが、いまはむかし、大正の終わりごろから太平洋戦争末期へかけての、すぎし世の物語として、隅田川の東隅に「玉の井」という女の街が存在した事実をありのままに記録するのも、あながち無意味ではなかろうと思う。

若い人達にとってその名は一つの、見知らぬ世界に対する幻影を印象づけることになろうし、また、かつて青春時代にこの街に足をふみ入れた者たちにとっては、そこはかとない郷愁を奏でる機縁になるかもしれない。

亡き女の街「玉の井」に対して、言い知れぬ感慨を抱く者は、あながち私一人ではあるまい。

俗に玉の井といわれる名称は「新編武蔵風土記稿」によると、旧東京府南葛飾郡寺島村の一小字《あざ》で、古くは東京近郊名所図会に、

「旧寺島村の小字に玉の井と呼ぶ所あり、その辺に周囲二十間（約三六メートル）ばかりの丸き塚あり、里人にこれを聞けどもわからず、この辺を玉の井とあれば、昔武蔵国の私党玉の井四郎助実の一類居住の地でもあろうか」

とある。

玉の井四郎は源義家公の従兄で、宇治川や一の谷の合戦に勇名を馳せた武将であり、玉の井の開拓者といわれるから、地名はおそらくこれに由来するものと思われる。

しかし、大昔の詮索はともかく、この地域が新しい私娼街として出発したのは、大正十二年(一九二三)の関東大震災で焼け出された浅草十二階下の銘酒屋群が、大量にここへ移住した結果である。が、実際はこの定説よりもう少し早く、大正七、八年頃、浅草観音堂裏の道路拡張工事(現在の言問通り)で、追い立てを食った五、六軒の銘酒屋が、大正道路といわれる白鬚橋から寺島村へ通じる新道の道路ぎわで、商売をはじめたのが呼び水になったようである。

玉の井界隈の発展はこの大正道路が基幹になった。

大正道路(街道とも言った)は、まだ玉の井一帯が道一つない田圃と畑であった大正の初期、大正天皇ご即位記念事業の一環として、白鬚橋から東方へ、葛飾田圃を抜けて寺島村方面へ出るために造られた道路で、この道路開鑿《かいさく》によって交通の便もきわだってよくなり、ぼつぼつ人家も増えはじめた。

街道沿いにはじめられた団子屋、飲食店、雑貨屋などの商売の中には、(前記)浅草の道路拡張工事で追われた五、六軒の銘酒屋もまじっていた。

しかし、なんといっても、玉の井界隈全体が急激にふくれ上がり、私娼街を中心に大変貌をきたすようになったのは、関東大震災で十二階下の銘酒屋群が焼け出され、その主力が玉の井に（一部は亀戸に）移住したのが大きな原因になっている。

玉の井私娼街の通路が通常いわゆる迷路（ラビラント）といわれ、みみずの塊みたいに頭も尻尾もない路地つづきで出来ていたのも、この機会にどっと押しかけた浅草銘酒屋群の、無秩序な移住による結果といわれる。

いったい銘酒屋とは何なのか。現代ではほとんど死語化しているが、この名称の発生源であり、内容形態共に玉の井には兄貴分に当たる十二階下の銘酒屋群が、過去にどのような径路で発達していったか、一言ふれてみる必要がある。

江戸幕府は新吉原と四宿（宿場のこと。新宿、品川、板橋、千住）の遊里は公然と認めたものの、市中の私娼には徹底的弾圧を加えた。明治政府も、明治九年（一八七六）九月、太政官布告の制度を改正して、初めて私娼の取締りを地方長官に委し、改正方針に基づいて警視庁も取締りに乗り出すことになった。

大阪も同年三月布達第四〇号をもって、売淫取締り規則を定め、同十二年二月には最初の全市一斉検挙をして、「捕縛せる淫売女の恥部を強制診断し、感染者は入院せしめた」とある。

しかし、叩いても叩いても、安上りで簡便な私娼は、明治中期以来徐々に増加の一途をたどり、日本橋蠣殻町、浜町中芝、芝神明、千住、飯田町、本郷根津、麹町、浅草寺附近、本所深川の一帯に派生し、私娼の跋扈《ばっこ》時代を現出するに至った。

隅田川を境に本所深川組を「露淫」とよび、川の西方を「白首《しろくび》」と称して、主として置屋を稼ぎ場に、一町内に十軒から二、三十軒ぐらいあり、全市で約七百人を算した（当時の警視庁保安係調査）。低い家、暗い路地、ランプの薄暗い窓から人を招きよせて、肉体を売っていたのである。

中でもっとも強力なのが、十二階下の千束町二丁目一帯から、五区の観音裏、六区の大勝館裏にかけて集結した、銘酒屋とよばれる浅草公園の私娼窟である。ここには、全盛時約九百軒の娼家が密集し、千七百人の私娼群がいた。

浅草観音堂を中心とする地域一帯は、江戸時代から奥山の名でよばれ、見世物場としても有名であったが、観音堂の周辺が七区劃に分けられ、完全な娯楽場になると同時に、吉原に近い千束町などに自然発生したものが、この銘酒屋であるといわれる。

銘酒屋という業種がいつごろ発生したかはつまびらかでないが、大正三年刊行の

「浅草区誌」によると、浅草界隈の銘酒屋は明治三十年（一八九七）に一二六軒、その後多少の変動があって、大正元年（一九一二）には四五九軒を数えるに至っている。営業容は居酒屋の形態をとってはいるものの、実質上酒を売る店は一軒もなく、白首といわれる酌婦が店に出て遊客をひっぱり、気がるに売淫交渉を行った。白首というのはごてごてと首筋にだけ白粉を塗るのでその名が生まれ、以後ほとんど私娼の代名詞になった。

私娼は何しろ昔風の一定された形式の遊女や芸者とちがって、万事じか取引で安上がりである上に、化粧や服装にも近代風の明るさがあり、文明開化の知識層や一般大衆に評判を呼んで、一時期浅草公園は、一寸八分の観音さまより、一寸五分の観音さまに人気を奪われたという珍説が生まれたほどだった。

ところで、十二階のことだが、現今ではほとんど錦絵か写真に見る程度の過去の建造物になり、知らない人も多かろうから、簡単に説明を加えると、明治二十三年英国人技師の設計によって建てられた展望台であって、竣工当時は現在の東京タワーなどの比ではなく、国を挙げて拍手を送り、東京名物の一つに数えられた。

場所は浅草六区の北端、現在の東映劇場（閉館）あたりに当たる。本来の名称は凌雲閣《りょううんかく》といい、十二階は通称で、登閣料は大人六銭、軍人子供半額。構造は十階までが八角形の総レンガ造りで、十一、十二階は木造であった。八階までエレベーターが通じ、三階には当時としては全く斬新な音楽休息所（料金二銭）があり、九階には新聞従覧所、十階にまた休憩所（茶代必要）そして十一、十二階には見料一銭の望遠鏡が備え付けられていた。

なにしろその眺望は、富士、筑波を左右に望み、秩父連山、房総の諸山、東は鴻の台、天気晴朗の日は西は箱根より、北は日光まで望めるといった、関東平野を一望におさめる景観を謳い文句にしていた。

このような珍しい建築物であるから、見物人は連日ひきもきらず、押すな押すなの行列をつくった。抜け目のないその方の業者がこれに眼をつけぬ筈はない。十二階の帰りには是非こっちの山へも登ってくれというわけでもあるまいが、ぎっしりと銘酒屋群がその周辺に蝟集《いしゅう》し、人間ひとりやっと通れるくらいの通路から、酌婦が通行人の袖を引いたのである。この当時の銘酒屋は玉の井よりもっと小型で、三角形の店もあり、店先には体裁だけ酒瓶を並べていた。

だが折角の名物十二階も、翌明治二十四年五月、建造後わずか半年で、構造上の不備による危険を理由に、エレベーターの取りこわしを命じられ、目玉商品を失ってしまった。自前の足で十二階まで踏破するのは、物見高い老人子供の足では、簡単にできるわざではなかった。

その揚句、持主の福原庄七と電気会社との間に訴訟問題が生じ、客足は次第に減る一方。盛んなのは「下」のほうばかりだった。

但し、筆者のうろおぼえでは大正十年頃、再開後のこのエレベーターに乗った記憶がある。そのときは余りの動揺で、子供心にも怖かったものだ。しかし再開の時期がいつだったかは、文献を調べても、識者に訊ねても不明である。

そして創業二十年、関東の大震火災で建物も崩壊し、周辺の銘酒屋と共に灰燼に帰して、こんどは怨みっこなしに「上下」揃ってこの土地から消え失せたわけである。

震災後六十余年、六十年九月一日、旧十二階から西方一〇〇メートルばかりの元国際劇場跡地に、二十八階建の、下町では超高層建築物ともいえる浅草ビューホテルが出来たのも、なにかの因縁といえるかもしれない。

東京周辺に散在していた私娼が、浅草公園内という比較的有利な地理的条件によって、それほど弾圧を受けずに発展し、あまつさえ十二階という景物まで得て、その名は一躍天下に鳴りひびいたものの、ここにあえなく自然の暴威により壊滅、銘酒屋群の主力が玉の井に流れたことは既述した通り。

濹東の私娼王国「玉の井」は大体このような径路で到来した。

魔の迷路《ラビラント》／娼家の構造

「玉の井」娼家群の歴史は浅い。すでに述べたように、大正十二年、浅草観音附近よりの大量移入以降、昭和二十年（一九四五）三月十日の空襲で焼失するまで、たかだか二十数年の生命しかなかったといっても誤りではなかろう。

戦後は一部分焼失をまぬがれた大正道路（現在では東武線以東のこの道路をいろは通りと呼ぶ）の北側に、戦前とは家屋構造の一変したカフェー風の銘酒屋が、新規に七、八十軒営業を開始し、漸次膨張して、昭和三十三年三月三十一日、売春防止法実施の日まで営業をつづけたから、実質上は三十五年ぐらいになるが、それは後で述べるとして、いま私がここに取り上げる「いわゆる玉の井」は、大体全盛期である大正末期ごろから、昭和二十年敗戦の年までの、風俗行事が中心になることをお含み置きねがいたい。

おもしろいことに、戦前の吉原と玉の井が隅田川という川一つを隔てた対照的存在として、片や伝統のある大廈高楼《たいかこうろう》の並ぶ公娼街、一方は文字通りくすんだドブと路地に囲繞《いによう》されたみすぼらしい私娼街として、特徴のある名を馳せたことで、この相違は戦後の土地の様相にもはっきり現われた。

それは、歴史上名高い吉原が、却って住民の忌避によってその名を抹消され、現在は千束四丁目に町名が統一されて、吉原の名はわずかに、神社、公園、電話局に残されたにすぎぬのに、玉の井の方は昭和四十年三月一日、第二次地区表示変更で旧寺島町から墨田、東向島五、六丁目に変わり、行政上の公文書からその名は完全に消え去ったにもかかわらず、住民により依然として「玉の井町会」の名でそのまま引継がれていることである。

「玉の井いろは通り商店街」「玉の井稲荷」「玉の井駅」「玉の井変電所」「玉の井ガスセンター」「玉の井サービスセンター」等、玉の井の名は現在も各所に残されている。

なぜ、あの陰湿で見るからに不健康な私娼街の名が、昔どおり使われているかというと、その理由はたった一つ、住民がその名を愛し、誇りを持っているからなのだそうである。玉の井の名がなぜ誇りになるのか、常識としては理解しにくいのが一般的解釈だが、現玉の井町会長松永嘉郎氏の説によると、それが全然ちがう。玉の井がたとえ昔はどのような性質の街であろうと、現在では日本にここ一カ所しか、その名がないというのが根本理由なのである。

「浅草からタクシーに乗って玉の井へ行ってくれと言ったら、玉の井を知らないいんですよ。おどろきましたね」（玉の井稲荷・東清寺住職、武田信亮）

この場合の意味はすこし違うが、いずれにしろ、この人もまた玉の井の名に愛着と誇りを持っていることはたしかであった。

しかし、赤線消滅と同時に、昔ながらの享楽街の名が住民から嫌われて消え去った場所があるにもかかわらず、玉の井の名が現在も愛用される理由は、あながち町会長さんの言う、その固有名詞の持つ稀少価値のみが原因ではなく、過去における享楽地としての特殊な風格が、潜在的に町民に愛されていたからではなかろうかと私などには考えられる。

実際、玉の井というのはふしぎな街だった。汚なくて、臭くて、みすぼらしい、およそ美というもののないこの場所に、外部からの遊客は独特の魅力を感じたのだ。誇りというには余りに程遠い様相だが、住民にとって或いはそうしたことも一つの自己主張につながるのであろうか。

ドブと便所と消毒液の匂い、一年中蚊が路地の至るところでわんわんと唸りを生じ、冬は冬で寒風が多角度に吹きすさび、ろくに方向を見定めることもできない。

この、うらぶれた貧しい場所へ、毎日毎夜、何千何万という人間が、雨の日も風の日も、悪臭をおかしてやってきたのも、言うなれば、玉の井という街の持つ貧しさそのものに、大きな魅力を感じたからに他ならなかったからであろう。ここには吉原などの公娼街ではぜったいに得られぬ青春の詩《うた》があった。形式張らぬ安直さが、資力のない若者や遊客に何よりもよろこばれた。

大廈高楼《たいかこうろう》のならぶ遊廓とちがい、靴下や下着の破れに引け目を感じる必要もなく、だれにも手の届く親しみやすさで、一瞬の本能を満たすことができたのである。ここでは見栄も虚勢もなく、五十銭玉をしっかり握りしめて女と交渉すればよかった。窓から窓を伝って、路地路地に気に入った女を探し求めるのも、恥多き青春時代のひそかな楽しみであった。

つぎに玉の井私娼街の地形を概観的に述べてみよう。形状は東武線の軌道に近い西

魔窟の路地跡　今も残る、玉の井名物ラビラントの面影。
曲がりくねった細い路に、当時の様子がしのばれる。

端を頂点として、末ひろがりに三角形に台を付けたような格好になる。総面積は推定一万五千坪内外。

そしてこの私娼街を取り囲む外郭の北側は大正道路（いろは通り）であり、南側は寺島五丁目の商店街で、三角形二辺の内部に、一部二部三部と、玉の井銘酒屋組合の分類する娼家が密集し、当時の行政区劃では寺島五丁目と七丁目になっている。

賑《にぎわい》本通りとかオトメ街とか呼ばれた場所は、大体五丁目と七丁目あたりの分岐点に位し、上辺三角形の中心地になる。荷風の「濹東綺譚」で、主人公と娼婦のお雪さんが俄か雨で最初に出会ったのもこの附近である。

三角形の底辺に当たる東側は改正道路で、幹線第三〇号と称し、戦後、荒川放水路にかかる新四ツ木橋の竣工（昭和二十七年）と同時に、本所源森橋方面から延びた水戸街道と接続するが、それまでは道路というよりむしろ広場といった感じに近かった。改正道路は当時玉の井銀座ともいわれた。

そしてさらにこの改正道路を跨《また》いで、三角形の底辺に台を付けたような格好の一区劃が、娼家街の四部と五部になる。正式には寺島町六丁目で、玉の井私娼街全体から見ると多少場末に近い感じであった。この区劃には銘酒屋の経営者が多く混在していた。

一概に三角形とはいっても、私娼街のアウトラインはほとんど商店に囲まれているので、周辺から直接ナカ（娼家）を覗くことはできない。しかし、娼家へ通じる路地の出入口は周辺の道路に無数にあり、上部に「ぬけられます」の表示があるから、自然そのほうへ足を向ける仕掛けになっている。

だが、いったんこの路地へ足をふみ入れたが最後、ぬけられるどころの沙汰ではなく、狐につままれたように同じ場所をぐるぐる回らされる結果になる。それがこの路地の特徴で、人はこれを玉の井名物ラビラント（迷路）と呼んでいる。そして路地に足音がすると、立ち並ぶ娼家の一尺四方ぐらいの小窓の中から、女が顔をのぞかせて、まだ人の姿の見えぬうちから、堰を切ったように一斉に通行の客に呼びかける。

「ちょっと、ちょっと、兄さん」

「ねえ、ちょっと、旦那」

「ちょっとここまで来てよ。お話があるの」

玉の井の夜の幕はじつにこの小窓の呼びかけから始まる。

呼び方はどこの家も似たり寄ったりで、チューチューの鼠鳴きや、色気をふり撒く

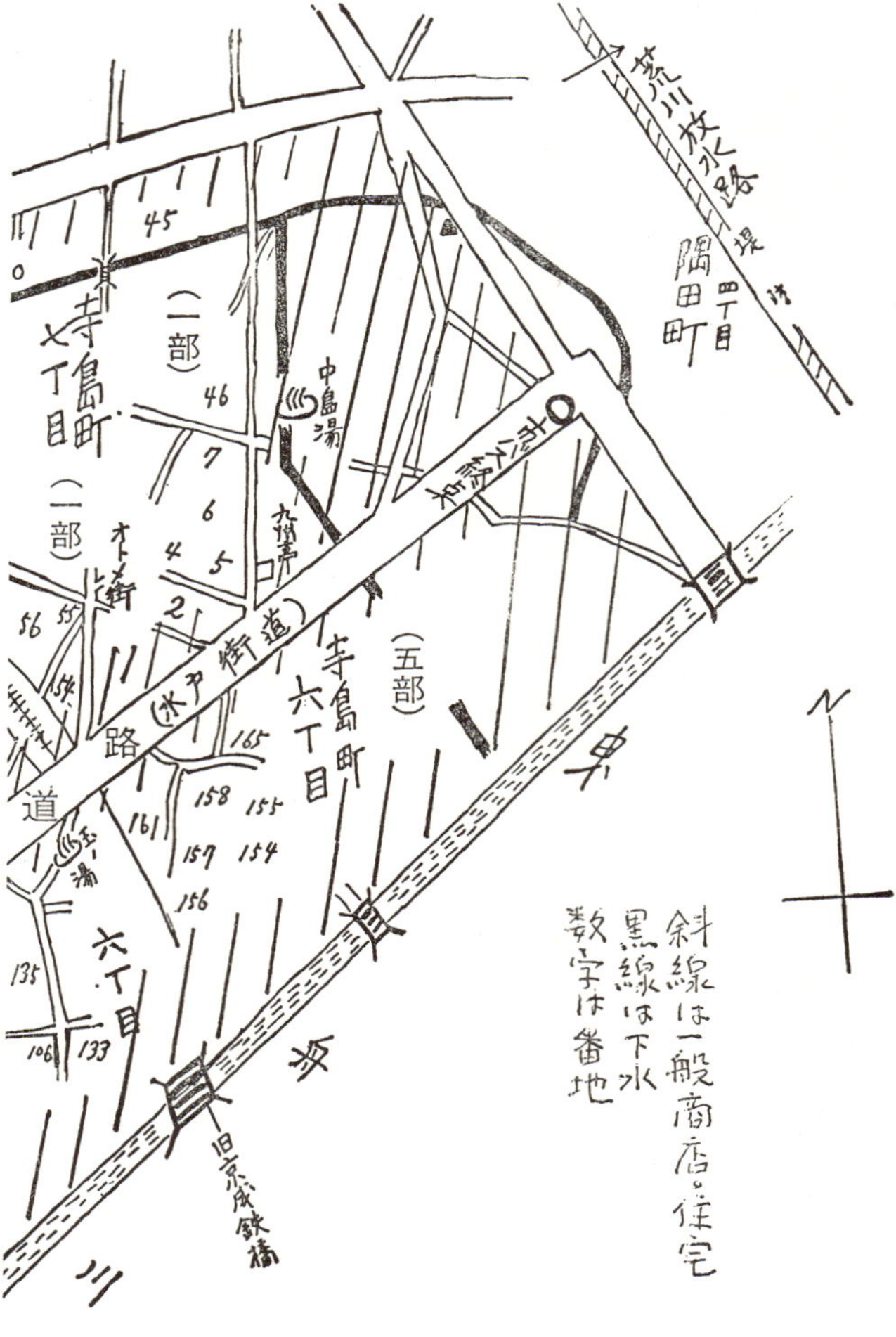

荒川放水路
堤
隅田町
四丁目
寺島町
七丁目
(二部)
(一部)
中島湯
京成線
九州亭
オトメ街
路(水戸街道)
道
寺島町
六丁目
(五部)
六丁目
旧京成鉄橋
東
浜
川
N
斜線は一般商店・住宅
黒線は下水
数字は番地

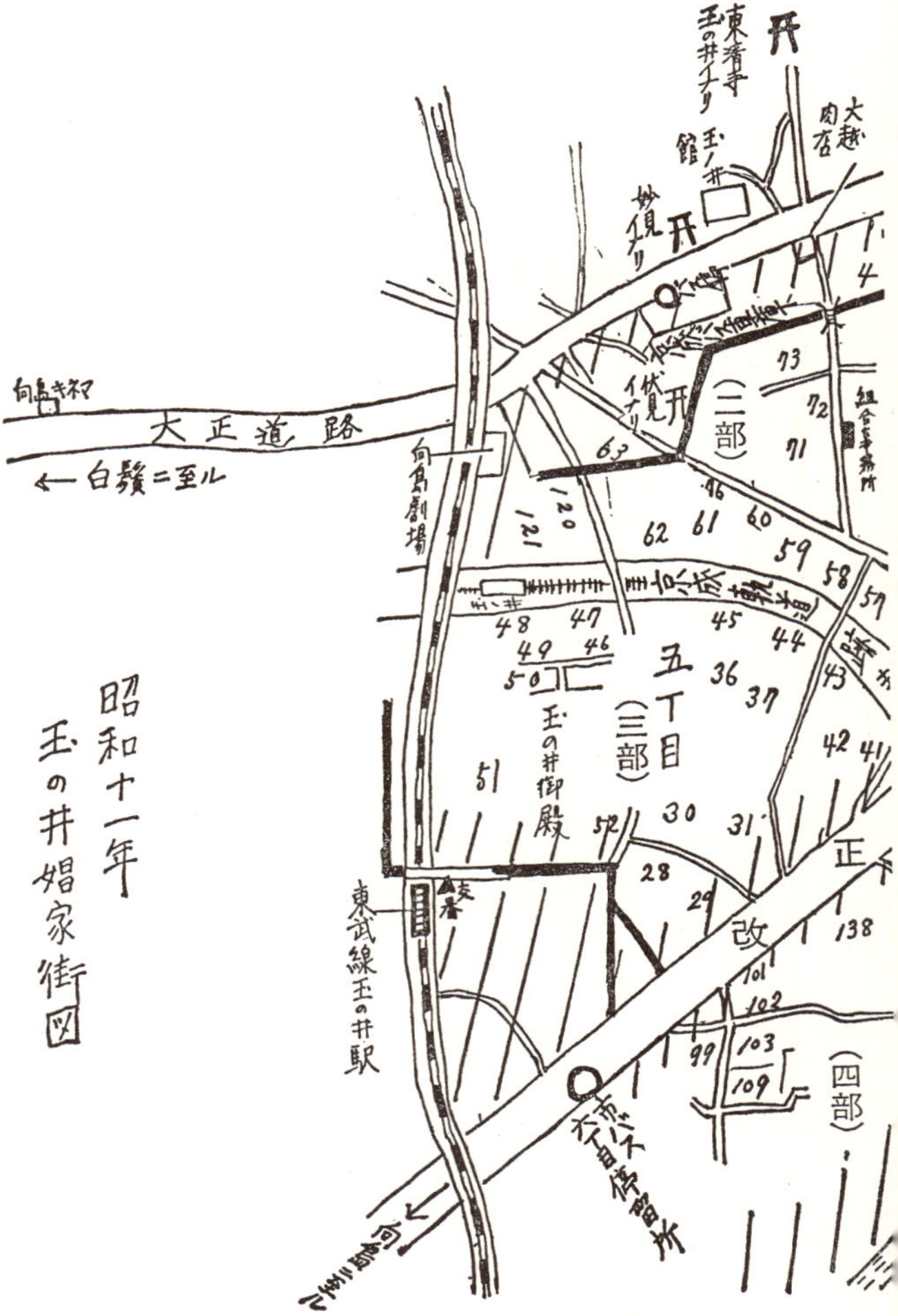

昭和十一年
玉の井娼家街図
東清寺
玉の井イナリ
大越肉店
玉ノ井館
妙見イナリ
伏見イナリ
向島キネマ
大正道路
←白鬚ニ至ル
向島劇場
組合事務所
(二部)
五丁目
(三部)
玉の井御殿
東武線玉の井駅
交番
改正道路
市バス停留所
←向島ニ至ル
(四部)

ような猫なで声、時には気に入らぬ客に対して、怒声罵声を放ったりする。が、こんなのは当座の演出で、決して根のあるものではなかった。

その他、哀れっぽく泣きつくような口調。香具師《やし》の口上のように立板に水でがなり立てるもの。歌ったり、つぶやいたり、何を言ってるのかわからないかすれ声。細く長く訴える口調。クライマックスの際の声色。——まるで声と口調のコンクールである。しかし呼ばれる嫖客《ひょうかく》にとっては、この呼びかけがどんなに楽しいものであったか。声の攻勢に悲鳴をあげて逃げるふりをしながらも、全身に色とりどりの言葉の礫《つぶて》を受けとめて、嫖客ははやくも前哨戦の境地にはいる。

窓に女ありけり。

玉の井私娼街はこの方一尺程度の小窓で維持されていたといっても言い過ぎではない。

女たちの生活のすべてがこの窓によって支えられているほど重要な役割を持つのだが、それは後で述べるとして、この場合路地を歩く男たちには、ただ小窓の中にある女の顔だけが、砂漠の中で求めるオアシスのように心に食い込むのである。小さな額ぶち程度ではあるが、これほど強烈な刺激をもたらす窓は、他にどこを探しても見当たらぬだろう。

娼家の構造は大体上部漆喰ぬり、腰下模造タイル張りの表構えが多かった。拡張や新築が警察から許可にならないので、部分的補修で間に合わせる家が多く、およそどこも似たり寄ったりである。外側中央にハート型マークのついた色つき壁。赤い軒灯。両脇に入口と小窓。

小窓は一軒の娼家に二カ所あり、女が一人ずつそこに座る。島田や銀杏返しの純日本風もあれば、耳かくしのダンサーや女給風もあり、おかっぱ、お下げ髪等、適宜に各自の特徴を生かしている。一番多いのはやはり、行動に便利なせいか、鏝《こて》をあてたパーマ風洋髪である。日本髪の女はそれらしく白粉化粧をするが、洋髪組はアイシャドーを深く描いて、どぎついドーラン化粧を用いたりする。

たいがい膝元の斜め下から顔にライトを当てているので、ほんとうの容貌はつかみにくい。なかには後ろ向きに、セーラー服にお下げ髪の女学生式扮装で気を持たせる者もあるが、正面を向くと、まるでお門ちがいの年増だったりすることはザラである。

彼女らの生活全体がこの一刻の窓にかけられているのであるから、客を呼ぶのも真剣で、そのため素気なくひやかされたりすると、逆に口汚ない罵声を浴びせることになる。

なかには、

「ねえ、ちょっと、ここまでいらしってよ。いいもの見せてあげる」

などと呼ばれ、助平根性で窓に近づいたりすると、すばやく脇の開き戸から女の手が出て、たちどころに衣類を引っぱられる。その引き方は刑事が犯人《ほし》を捕える時のような、ひねりあげるやり方なので、簡単には解けない。またこういう場合、女は客の持ち物を奪う方法もしばしば用いる。

どこの娼家にも小窓の脇に二尺程度の開き戸が一カ所ずつあって、客はそこから出入りすることになるが、両方の窓と窓のあいだは板羽目で仕切られてあるから、一軒の家の二つの窓で、客が同時に女と値段の交渉などをしても、顔を合わせることはなかった。

小窓の引戸には裏側に鏡がはめこんであり、女は絶えずこれで化粧を直す仕掛けになっている。もし窓がしめられ、店先も消灯されている場合は、女が不在か休業を意味することになる。

窓の中の女は白襟の長じゅばんが多く、裾をうしろへ長くハネて、辛うじて膝頭を隠す程度の座り方をする。洋装の場合はこれも服の裾を膝頭までたくし上げて、衣類の傷みをかばう。通常、外部からはよほど小窓に接近しないかぎり、下半身の仕掛けまでは見えない。

窓の女の周囲には化粧道具や映画俳優のブロマイド、絵葉書、手鏡、縫いぐるみ人形類など、こまごました物が画鋲で留められ、ときには隅の神棚に、お酉さまの熊手やあちこちの神社札が載せられてある。女の背後は大抵三尺の廊下になっていて、鈴のついた紐のれんが中仕切りに下がり、小窓の脇の開き戸から入った客は、紐のれんをわけて廊下を奥へ進むことになる。

そして階段下のやや奥まったところに、消毒（または洗浄）室があるのも常識である。ドアの中央部に嵌《は》めこみの色ガラスで表示があり、便所兼用になっている。家によっては階段の位置などちがうところもあるが、大抵の場合、便宜上、階段脇に洗浄室が設けられてある。

娼家へ案内する早々、いきなり便所の紹介とはいささか不粋だが、ここが一般家庭と相違する重要な役割を持つところで、路地にあふれる独特の臭気もこれが原因であり、ご辛抱ねがいたい。この匂いを感じなくなったら玉の井通《つう》も一人前なのである。

内部は豆電気で薄暗くなっていて、上部の棚に紫色の薬壜が置かれ、そこから直径二センチぐらいのゴム管が引かれて、先端はクリップか木製の洗濯挟みで止められ、床のコップに差し込まれてある。

要するに、用が済んだあと、ここでゴム管のご厄介になるわけだが、その使用法は薬液（過マンガン酸カリウム）をただ局部へ掛けるというだけの単純なものではなく、尿道へ注入しなければならないので、多少の熟練を要することになる。たいがいの場合女が先に入って使うので、器具にかすかなぬくみが残り、なにやら覚めた気分におそわれるものだ。

二階の客室はどこの娼家もおおむね三部屋ぐらいで、間取りは三畳に四畳半、六畳程度。中には一軒の家を板壁で仕切って、二軒分で使用している家もある。いやにナマナマしい声が聞こえてくるので、へんだなと思っていると、それが隣家だったりすることは珍しくない。

そして、部屋の大きさと内部の道具立てが、ある程度女の稼ぎの実力を意味することになる。洋間にベッドを置いたり、場ちがいの豪奢な鏡台やタンスなどを置く女は相当の売れっ子で、これらの家具や調度は悉《ことごと》く自前である。だが、衣類などの貴重品は階下の座敷へ置き、部屋には持ち込ませぬ家もあった。盗難除けであると同時に、抱え主の方では逃亡除けでもある。

どの部屋にもありふれた裸体画まがいの絵額やカレンダー、ブロマイド、人形、花瓶などが飾られてあるが、時によると、カレンダーだけは彼女らの年期明けの目印になっていることが往々ある。毎日、女たちはこのカレンダーの日付をつぶして、自由の身を待ちこがれるわけであった。

階段にもっとも近い二階の小部屋は遊廓などの引附部屋《ひきつけ》に当たり、女は客をここへ通してから、羽織をまとって、オブと称する茶を運んでくる。そして敷居際に両手をつかえ、

「いらっしゃいませ」

と改めてばかていねいな挨拶をするのもご愛嬌の一つである。それから金銭決裁をすませる段取りになり、ショートタイムが通常一円から一円五十銭。これは女といきなり事を済ませてそれで終わりになる。時間にしてせいぜい十五分程度だ。

それに反して時間遊びというのがあり、名目は一時間になっているが、じっさいは

三、四十分で、これだとゆうに二回戦は達成され、したがって料金も「泊まり」と大差なく、二円から二円五十銭である。むろん、女の格差、家がまえ等によって、それ以上値の張るところもある。

それにオブ代と称するものが五十銭ぐらい上乗せされると見なければならない。窓口での交渉はもっと廉価で、二階へ上がってから多少附加されるのも常識である。

また、「引け」（閉店十二時）間際まで、ねらいをつけた女の窓口附近や夜店見物などで時間をつぶし、鉦番《かねばん》（銘酒屋組合の小使）が、引け合図に路地路地に鉦を鳴らして歩くのを待って、目指す女の家へとび込むやり方もある。女は鉦の音と同時にバタバタと戸を閉めるから、この場合、間髪のはやさでやらぬと間に合わない。

ぐずぐずすると時間の違反になり、娼家では罰金を科せられるのだ。

これは客が泊まりの玉代をできるだけ安く上げる方法で、時間が遅ければ遅いほど安く済む計算であった。女もお茶を引かずに済むのでホッとするし、客のほうも女のよろこぶ姿を見て、何やらサービスが期待できるのである。こういう場合、女も最低値段ギリギリで納得し、ふっかけるようなことはしなかった。それに、客にとってはなによりも確実に女を独占できるのが、最上の取柄であった。

玉の井の娼家はだいたい回《まわ》し（複数客）を取らない主義だが、ときによると相手を見て、お茶を引いたようなフリをしながら、ちゃっかり、ダブル客を取る豪の者もいた。

こんな時、いっぱい食わされたと客が地団駄ふんでも、後のまつりで、引け過ぎだと娼家はどこも固く戸を鎖ざしてしまうから、じっと我慢の男泣きということになる。

さて、十二時の鉦の音と共に歓楽街は一瞬にして暗黒の巷と化すのだが、娼家の本番はそれから繰りひろげられる段取りになることは申すまでもない。

引けすぎの玉の井娼家街は急に谷底へでも沈んだようにさびしくなる。

まだ寝ぐらの定まらぬ人間が右往左往する下駄や靴音が聞こえ、ときどきドンドンと戸を叩く音もするが、娼家からは何の答えもない。

結局、すこしでも玉代を安くあげようとする遊客が、間一髪の時間をミスして、あぶれる結果になる。

寒い夜ふけなど、先に寝て相方を待っている場合、そぞろ同情を感じて身につまされる思いであった。

下駄をはかせぬ病院／迷路を泳ぐ名士たち

娼家で泊まる場合、まず最初に紛争を起こしやすいのは防備用具の使用である。昭和三年施行、花柳病予防法によって、娼家はどこも部屋の柱や壁に、

「お互の健康のために、衛生器具のご利用を」

と、寺島警察署、玉の井保健組合連名の指定額が掲げられてあり、この問題にはひどく敏感になっていたが、客によっては絶対にそれを受付けない者もある。一は気分、一は保健衛生を主張して、多少のいざこざが生じるのもこの段階である。

しかしその場は一応客の主張を容れて結着しても、一番危険率の高いのは、真夜中における二次三次の交戦後、つい億劫になり、両者共防備をおろそかにしてしまうことだ。用心堅固のベテラン娼婦でも千慮の一失ということがある。つい事後処理に手

ぬきをしてしまい、当座はなんの自覚もないため、これが結局多数の客に伝播して、不幸な運命を背負わされることになる。

当時は現代とちがい、簡単にクスリで治せる病気ではなかった。また稀に妊娠という手ちがいも生じた。玉の井には水子の供養をする願満稲荷というのがあるのもそのためで、何しろ娼婦の数は多く、一時期三千人に達したこともある。もっとも安全な方法は検査の直後に行くことだが、しかしこれはよほどの閑人か遊冶郎《ゆうやろう》でないかぎり、おいそれとはできなかった。なかには検査直後を宣伝に客を引く女もいた。

ちなみに、玉の井娼婦の検査日は元の玉の井市場隣り（現在の向島保健所辺）にあった昭和病院で行い、左の順になっている。

月曜、七丁目一部。

火曜、七丁目二部。

水曜、五丁目三部。

木曜、六丁目の四部と五部。

金曜、組合員家族外来。

昭和病院は昭和四年、元南葛飾病院の院長、高橋毅一郎博士を院長として開設され、面積は百坪ぐらい、総二階でかなり大きかった。

常勤は院長の高橋博士と医師二名、看護婦は十名位。娼婦の検診は都の応援医師が大半を受持ち、常勤医師は内科の方へ回った。

検診は朝九時から四時ごろまで。検診台は四台、衝立《ついたて》で仕切られて並んでいた。土曜日は内科関係で午前中。検診日は組合指示の班別によって、大体時間の協定ができていたから、先を争うような混雑は避けられた。但し、この場合の医師たるや、インターンまがいの若い人が興味本位に混り、好奇心半分の検診もあったようで、住民や娼婦の評判もあまりかんばしいとは言えなかったらしい。

二階は全部病室で畳敷、大部屋は花柳病患者を収容し、他に二人部屋の個室が五、六室あり、内科関係の患者を収容した。

戦前はペニシリンやマイシンがなかったので、花柳病や結核などの治療に長期間を要し、治療費は一応業者から組合へ納めるシステムになってはいたものの、むろんこの場合の費用が患者自身の負担にかかることは言わずもがなである。なお、組合関係者以外の一般患者にも夜間治療に当たる場合もあった。

玉の井市場も昭和病院も昭和二十年三月十日の空襲で焼失し、今はない。

戦後の検査は進駐軍の指令で峻烈をきわめ、その気配のある者さえ抑留して家へ帰らせなかったのである。これを娼家関係の人は、

「下駄をはかせない」

という言葉を用いた。玉の井娼家街は戦後、いろは通り（大正道路）の北側奥に百二十軒ばかりの見世で再開したことがあり、罹災をまぬがれた「門」というバーを改造して診療所を設けた。一階を診療室と事務室に、二階を病室に使って、要するにそのケのある患者は二階へ上げてしまって、帰らせなかったわけである。

余談になるが、私は終戦後間もなく、ある新興新聞社の依頼で、吉原病院（現在の台東病院）へ取材に赴いたことがある。この病院は幸いに罹災をまぬがれ、焼野が原のなかにポツンと一軒だけ残っていた。東側の広い畳敷の平屋病室には、尾久方面からきた芸者など、わずかな入院患者しかいなかったが、西側の三階建病棟は、一、二階が空室で、三階の三室だけに二百名近い患者がぎっしりと収容され、まるで別世界を見せられる観があった。

これは全部が病人というわけではなく、当時の米兵と行動を共にした女子が容赦なく連行され、ここに収容されて強制検査を受けさせられていたのである。

身なりのよい上品な顔立ちの素人娘もいれば、まだ少女っ気の抜けぬ小学生のようなあどけない女の子もおり、それに反して見るからに薄汚ない街娼風のプロもいて、千差万別であった。全部が三階に収容されたのは逃亡よけを兼ねたものらしく、三階階段のとば口にはカウンターがあって、私服巡査の見張りがついていた。

長廊下に面して各室とも畳敷きの部屋いっぱいに、頭部を中央に向けて通路をつくり、両側に並んで寝ていたが、むろん、昼間から寝てばかりもいられず、歌を口ずさむ者、おしゃべり組、その他、退屈まぎれに私服巡査のところへ行って冗談を飛ばす者もある。巡査は役得から女の子に抱きついたりしてキャッキャッとふざけていた。

だが、どんなに退屈しても、女の子たちは私には声をかけなかった。視線が合うとすぐ横を向いてしまう。書かれるのを怖れたのだ。しかしまんざら気がないわけでもなく、わざわざ私の傍まで来て、気を持たせるようにプイとそっぽを向いて見せる者もいたし、外部と何か連絡をしてほしいようなそぶりを見せる子もいたが、私はとり合わなかった。ふざけていても巡査は職業意識を失っていなかったからである。ときどき五メートル位ある高い塀の外へ米兵がきて、ピッピッと指笛を鳴らすこともあったが、女の子たちは窓から見下ろすだけで、ほとんど相手にするものはなかった。これらの連中は一応悉く擬似患者と見なされ、一週間ペニシリン（錠剤）をのまされるわけだが、なかには達者なプロもいて、高貴薬であるペニシリンを飲むふりをして溜めこみ、退院後仲間に売る者もあったという。

単調な日課の中で、もっとも彼女らに強い刺激をあたえたのは日没時であった。何しろ窓から見える西側は一望荒涼たる焼野が原で、上野の森がすぐ手の届きそうな身近にあり、森陰にまっ赤な夕日が沈む有様は、わたしのような男でさえホロリとさせられる光景だった。その時刻になると、囚われの女の子たちは一様に、

「お母さん、お母さん」

と言って泣くのである。

私は三日ほど取材に通い、白衣を着せられてつぶさに検診の実況にも立ち合ったが、記事を書くのがいやになり、執筆を放棄した。

路地へ戻ろう。玉の井の迷路についてはすでに触れたが、もう少しその迷路やドブの魔力について語っておこう。

ジャン・ギャバンが出演した映画に「望郷」というのがあることは、今なお多くの

人の記憶に残されているはずである。

仏領アフリカ（当時）の北端アルジェ郊外のカスバという迷路の多い原住民街を舞台に、土壁づくりの民家や無限に石段の続く雰囲気の点では、文字通り白と黒ほどの相違があるが、一度この街の中へはいったら簡単に出られぬ土地柄は、玉の井私娼街と共通していたようだ。

どこもかしこも二階建てのくすんだ家づくり。同じ構えの入口。しかもわずかに軒灯があるだけで路地全体が暗い。そして、窓、窓、どこを通っても窓ばかりである。一度や二度足をふみ入れたぐらいでは方向の見当がつかず、同じ場所を右往左往するのが玉の井名物ラビラント（迷路）の特徴だった。この曲がりくねった路の成因は、関東大震災で銘酒屋が浅草十二階下から大量に玉の井へ移住した際の状況にだいたい説明しておいたが、結果から見れば、この迷路が玉の井私娼街の持つ一つのメリットでもあった。

直線通路では面白味がなかった。偶然につくられた形だが、頭も尻尾もない蛇のからみ合いのようなこの通路は、無意識に窓の女と客のあいだに心理的融和作用を生んだのである。玉の井私娼街は半ばこの迷路の持つ雰囲気で維持されていたともいえる。

そしてラビラントが名物なら、ドブもまた名物の一つ。大ドブは西端の七丁目二部あたりから、当時の京成バス車庫（いろは通りの南側）裏を通って、一五〇メートルほど東へ走り、中島湯（現在もある）の南角を左折して改正道路へ通じていた。これまた玉の井名物「蚊」の発生源でもあったが、昭和十四年暗渠《あんきょ》の改修工事に着手して、名物が一つ消えた。

大ドブには京成バスの車庫裏や、玉の井稲荷の縁日通り、一部の賑《にぎわい》本通り、中島湯前通りなど、おもだったところには橋を渡してあるが、ムキ出しの場所は半ば塵芥場と化し、悪臭の根源でもあった。その他、中ドブ、小ドブなど、大抵娼家の軒下か、路地の中央に沿って流れていた。

もっともこれは自主的に各娼家で板を張りつけてあるので、破損でもないかぎり、通行人はあまり気にならない。しかし一朝降雨の際、たちまち氾濫するのもきまりになっている。荷風作品の一節に「あら、きーちゃん、どぜうが浮いてるよ」とあるのも、よくその間の情景を捉えてある。

大ドブは現在コンクリートに舗装されているものの、まがりくねったコースや幅は当時のままで、ひっそりと住宅の裏側に通じている。ただし、こんな裏道でもときど

京成バス寺島営業所（昭和7年）　浅草から玉の井を通る隅田乗合を、昭和7年に買収して、玉の井にこの営業所を設置した。永井荷風もこのバスに乗った。

き横合いから車がとび出してくるから、油断はできない。全盛当時はこの大ドブが玉の井地理の目印でもあった。

路地にも場所によって大小の種類がある。だいたい一、二メートル程度の幅なので、夜闇を利用して帽子を真深にかぶり（帽子は当時の風俗）顔をかくしても、肩が触れ合うほどの狭さであり、路地から路地を伝わる嫖客同志が鉢合わせして、互いにニガ笑いする光景もしばしば見受けられた。

こんなときには窓の中の女から、

「あら、知ってますよ。何べん通るのさ」

などとからかわれるのがオチである。

「思いがけないところから徳田秋声先生があらわれたかと思うと、高村光太郎氏が一軒一軒、たんねんに女のいる窓を覗いていた」

と、尾崎士郎は「わが青春の街」（昭和三十七年「産経新聞」）で言っているが、一五四センチの秋声と、一七七センチの高村光太郎なら、どんな暗がりでも目立つのは当然。

このように意外な有名人に出会うのもこの路地の特徴であった。外套を着て中折帽を真深にかぶった大男が、せまい路地をのっしのっしと歩いているので、よく見たら永井荷風だったと川崎長太郎は言ったが、この路地ではどんな人物に出会っても声をかけないのが礼儀なのである。

「銀座八丁」の作者武田麟太郎は路地の常連で、彼のはむしろ迷路の複雑な構図をたのしんでいる趣きがあった。高村光太郎は丹念に女の窓を覗きながら歩いたというが、窓の女の顔を目印に抜道の地理を覚えるのも、迷路を解く一つの手がかりだったのである。

筆者などもマンガ家の小野佐世男や、英パンこと岡田時彦、鈴木伝明、笑の王国の関時男、横尾泥海男、その他坊屋三郎、シミキンなどをよく見かけた。鈴木伝明はまだ玉の井の創業当時、向島にあった日活のグラスステージが大地震の火災をまぬがれたので、ときどきこのステージを利用した帰途寄ったらしく、玉の井にとっては一番の顔なじみであった。長身でエキゾチックな風貌はよく目立った。

しかし、こういう人達は大海の飛沫にすぎず、実際は各界の知名人がこの迷路を泳いだものであろう。そして今はその多くの人達が鬼籍に入っているのである。こうして玉の井の昔をたどっていると、若き日の彼らの面影が彷彿とし、なつかしいかぎりである。

そしてこの中には、聖戦という名によって征旅についたまま、二度と故国の土を踏まぬ数多くの若者たちも含まれていたに相違ない。昭和十二、三年ごろになると日支事変も本格化し、出陣の前夜、この地に最後の歓をかたむける歓送の青年団旗などが、娼家の店口に立てかけてあるのをよく見かけたものだ。

路地には風物詩のようないろいろの彩りがある。リヤカーに釜を焚いて煙突から白いけむりを出す湯タンポ屋。これは一晩二十銭で客に貸す。なじみになると女がサービスに負担してくれる。あんどんに「千客万来」と書いたおでんの屋台は、たいてい路地の入口附近に出る。おでん屋は四季を通じて稼ぐので、「ナカ」（娼家街のこと）の消息通でもあった。

今度どこそこへ入った新顔はよく泣くとか、どこそこの女が客と駈落ちしたとか、某女はかならず秘所に口づけを要求するとか。その他、女個人の肉体部分のデータなど、過去、閲《けい》歴、出身地までさかのぼって委しい。ついでに言うと、この附近の住民は私娼街を指して「ナカ」とか「ナカのほう」とか、一般商店街及び許可外地域と分離して呼んだ。

アコーディオン弾きもまた路地の名物である。時代によって多少の相違もあり、「影を慕いて」など大体古賀メロディーや「湖畔の宿」「支那の夜」などの流行歌が多く、隣国支那（中華民国）と戦端が開かれていた時代にもかかわらず、客はこのメロディーに万感の郷愁をそそられた。焼芋屋、袋入りピーナッツ屋、ゆで玉子売り、めくら縞の大風呂敷を背負った（中は柳行李）駄菓子売り、バナナ、リンゴ、みかんなど季節の果物売り。

玉の井の女はよく食べる。食べなければ身体がつづかないのである。ひとたび体力が傾斜すると、堅気の女とちがって一朝一夕に休養を取れぬ生活環境にあるから、健康を維持するためには身銭を切って物を食べた。

籠の鳥の名で呼ばれ、金銭契約で生活が縛られていることは事実だが、公娼とちがい、「外出券」なる警察の許可証を所持しなくても、月に二、三回の公休にはなじみ客と外出したり、近所で映画見物をする自由は許されている。飲食店などでも相当の豪遊をする姿を私は見かけた。羽ぶりのいい娼婦になると、下手なサラリーマンも及ばぬ多額の収入をあげるのである。

元来私娼は法規外の職業であって（註、売春防止法施行以前の事）公娼のように「貸座敷営業法」の適用を受ける必要もなく、たとえ売春行為でも「金銭貸借証」が雇い主との間に存在するだけであるから、銘酒屋組合の規定はあるものの、それは決して法的拘束力を持つものではなかった。それだけに、一朝身体に事故が起きて労働力を失うと、末路は犬猫のようにドブの中に棄てられるのだという、伝説的強迫観念に、一部の無知な女が捉われていたことも事実であった。

昭和初期の日本全国を襲った不景気時代に、農村から売られてこの地へ身を沈めた娘たちは、稼ぎのない場合ろくに食うものを当てがわれず、思うさま業者に搾取されて、地獄の生活を送った経験を持っている。そのため彼女たちの意識の底には、絶えずこの幻影がちらついているのだった。

そして、どこの繁華街でも大抵そうであるように、中央に位置する場所がやはり街の中心になっている。七丁目の一部と五丁目三部にまたがるオトメ街や賑本通りなどが、娼家街のセンターを形成していた。従ってこの近辺には容貌のすぐれた売れっ子娼婦が多かった。ダブルベッドを置くチャブ屋まがいの、エキゾチックな化粧の女や、反対に、かっちりと日本髪を結い上げた純和風型がかなりいた。

ベッドを使う女はおおむね高級に属し、見識張って値も高い。こういう女はむやみやたらに客を寄せつけなかった。うっかり、ひやかし半分窓へ近づくと、声をかける前にピシャッと窓をしめてしまう。彼女らの眼力は一目で自分に相応する客かどうか、見抜く直感力を具えていた。

荷風などはふところが暖かいから、ベッドを使う値の高い娼婦を自由に選べたわけで、その点、この街を右往左往し、上玉をすこしでも安く、その上気立てのよいのを当てようと焦る一般客にくらべると、高級な遊びに近かったといえよう。反対に武田麟太郎は好んで醜女を相手にしたという伝説がある。これなどは何か特別な作家的好奇心か、或いはモノマニア的心理が原因したものだろう。

しかし、

「ちょっと、ちょっと、何べん通るのさ」

などと揶揄され、あわてて逃げるポーズをとりながらも、実際は声をかけられるのが嬉しくてしようがないのが、客の心理である。

いちがいに迷路といわれる路地でも、オトメ街の一部分など、場所によっては稀に三メートルを越すぐらいの幅広いところもあり、売れっ子の女は比較的目立ちやすい角店とか、視野の展ける広目《ひろめ》の場所に座を占めていた。しかし、皮肉なことに、こういう場所の窓の女はかえって寄りつきにくかったものである。

それに反して、一方通行しかできない路地の、さらに隘路に属する奥まった暗い家には、見るからにくたびれたような女が、どんよりした眼で力なく客をよぶ姿を見かけたものだ。これで客が取れるだろうかと、くびを傾けざるを得なかったが、人間男女の需給関係がどのような摂理で成立しているのか、いっぺん神さまにでも訊きたいもので、帰りにそっとその小窓を覗いてみると、結構引戸が締まっていたりするからふしぎである。武麟さん趣味は案外多いのかもしれない。

解放はありがた迷惑

路地の花、小窓と娼婦の関係について少し述べてみよう。小窓が娼婦の生命線ともいえる重要な役割を持つことについては、すでに概念的に説明したが、その性能は一概に言い切れぬ複雑なものになっている。

この窓へ坐る女を業界では「出方《でかた》」といい、昭和三、四年頃から組合の規定で「出方」は一軒に二人以上置かぬ規約になったが、実際は女中、養女、手伝い等の名目で、予備娼婦を置く家もあった。なかには経営者の細君や妾など、通称「かあさん」が、「主人《あるじ》出方」の形式で客を取る家もあり、「通い出方」と称する世帯持ちの女もいた。

昭和十年前後から太平洋戦争開戦直前ぐらいまで、女の前借は大体三年で千円が通り相場になっていた。その他、半年位の短期間で二、三百円の場合もある。金額はおおむねその時の情況と容貌の美醜、年齢、肉体条件等の影響によることが多かった。成績のわるいのは結局期間が長引くことになる。そういう場合、業者はたいがい他の土地へ転売し、元を取るのである。反対に女が他の土地から新顔として移ってくる場合もある。業者は相互連絡をはかり、絶えず玉《ぎょく》（娼婦）のたらい回しをして、女の顔ぶれに新鮮味を持たせた。

そしてこの小窓の性能（権利）を「揚銭《あげせん》」といって、出方と抱え主とのもっとも微妙で重大な金銭関係を生ずる場所になる。前借がある場合、女はむろん稼ぎ高から抱え主に借金を償却すればよいのであるから、「揚銭」に関係はないが、借金を返したあと自前で営業する際には、毎日三円ずつ（当時）この窓の権利所有者（家主、地主、或いは抱え主）等に支払って、あとの分は自由に稼げることになる。要するに窓一つを借りる一日の権利金が三円なのである。単的に言えば、借金さえ払ってしまえば、あとは自由に稼げるわけではなく、この窓に依存するかぎり、一日三円の権利金を取られることになる。

通称これを「窓借り」といい、一カ月契約の場合が多かった。ただし、窓借りの場合は抱え主との契約であり、休んでいても払わなければならないので、めったに病気もできない。

その他「叩き分け」という、女と抱え主で稼ぎ高を折半する方法もある。だが物価の上昇による権利金の変動は当然のことで、一例をあげるなら、昭和七、八年ごろから十二、三年ごろまでは一日三円だった小窓の権利金（揚銭）が、戦時中の昭和十八、九年ごろには三十円に急騰している。

前にも書いたとおり、小窓の権利を持つのは大体地主か家主（両者を兼ねる者が多い）であって、娼家、すなわち抱え主ではない。抱え主は九分程度借家住居である。であるから、数十軒の家作を所有する家主（同時に地主）は一種のボスであり、玉の井御殿などといわれる豪荘な邸宅に居住していた。

左に簡単な図式説明をしてみると、

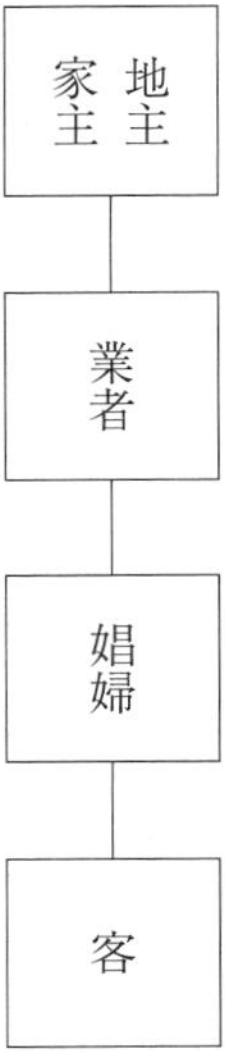

ということになり、前にも述べたが、娼婦にとって営業上唯一の生命線ともいえる小窓の権利金（揚銭）が、業者（抱え主）の所有ではなく、地主・家主等の処へ納める

システムになっていた。そしてご念の入ったことに、玉の井娼家街は悉く揚銭制なのである。

揚銭は雨が降っても、嵐の日でも、女が病気で休んでも取られる規定になっていて、徴収者にとってはまことに便利な財源なのであった。娼婦からやたらに金をかすめ取る雇主が、批判の多い人物であることはこの社会を知る者の常識だが、実際には、その背後で暴利をむさぼるほんとうの悪者の姿が表面に現われていない。

当時の娼家数が大体八百軒として、新築増築等が許可されぬ場所であるから、地主（家主）等の持つ既得権から上がる収入はじつに膨大なもので、玉の井御殿その他総檜づくりの大邸宅を構えるこれらの者が十五、六名いた。玉の井という暗黒街は事実上これらの人たちによって操られていたわけである。

この矛盾に目をつけて男気を発揮し、玉の井のボスに挑戦をいどんだのが、南喜一という人物であった。通称ガマ将軍と呼ばれ、容貌魁偉、その名のごとくガマのような容貌の持主だが、変わっていたのは容貌ばかりでなく、経歴までが、まったく第三者の追従をゆるさぬ独特の奔放さを持っていた。

後年、サンケイ新聞の水野成夫と並んで、再生紙の研究から、国策パルプの会長にまでのし上がった実業界の大物だが、その過去は数奇をきわめ、艶歌師になって街を流したり、グリセリン工場を経営したり、家屋敷を畳んで共産党に入党し、労働運動をしたり、変転きわまりなかった。

玉の井へきて駅前に事務所を設けたのも、その労働運動の一環で、オルグとして、この附近に多い未組織工場労働者たちに健全な組合をつくらせるため、傘下に糾合させるのが目的だった。まことに人を食ったような話だが、彼は玉の井が、二千人近くもの女を擁する私娼街だということを知らなかったそうである。

元来、多情多感、自称ヒューマニストでもあり、女性に甘い南のことであるが、労働運動にばかり熱中して、娼家街に住む不幸な女たちにはそれまでまったく眼が届かなかったのだ。娼婦たちが籠の鳥の名でよばれ、新聞雑誌や流行歌にまで取り上げられていることは薄々知っていても、そのかげの組織や構造などについてはまるで無知だったのである。

そこで、いろいろと娼婦たちの生活情報に関心を向けてみると、義憤を感ぜざるを得ない種々の出来事に出っくわした。

その決定的なものは、正月のある日一人の娼婦が南の処へ駈け込んで救いを求めてきたからである。女は半病人だったが足袋もはかず、着物も薄物で、しかも雇い主から客を取ることを強制されているという。南はその話をきくと、ただちに女の家に乗り込んで談判をし、金を渡して証文を受取るや否や、その場で引き裂いてしまった。

南が玉の井で娼婦の救済に立ち上がったのはこの事件が発端である。彼の労働運動はここで急角度に方向転換せざるを得なかった。多数の女の危機をきいて黙っていられる筈がない。にわかに方向転換して、ハンマーを脂粉に変えることぐらい手数はかからなかった。

まず隗《かい》よりはじめよというわけで、ボスを糾弾する前に、銘酒屋そのものの実体を調べてみると、つぎからつぎへと、雇い主と娼婦との金銭的紛擾《ふんじょう》。雇い主側の中間搾取。年数契約を実行しなかったり、玉代の上がりを不当に記入する帳簿上のごまかし。その他、反物屋と結託して着物を高く売りつけたり、数え立てるときりがないほど、些末な金銭上の食いちがいがある。そしてこれらの事は一種の慣例にさえなっていて、結局、長い物にはまかれろ式の、娼婦側に泣き寝入りする習慣ができていた。

そこで南はただちに既成の玉の井銘酒屋組合に対する、「女性向上会」なる新しい娼婦の親睦会を組織して、「玉の井戦線ニュース」という機関紙を発行。若い工場労働者を動員して各戸口に配布させた。「玉の井戦線ニュース」には女性向上会成立の主旨と、参加者の利点等をるると説き、これまでの娼婦に対する経営者らの迫害をあばいた。

しかし、こんな運動がむろんすんなり行くはずがなかった。

各所に旧組合側と向上会側との小ぜり合いが生じ、南の片腕に二百円の懸賞金までかけられる始末。

昭和八年七月二十九日、その争いは頂点に達し、南側の運動員の一人、山本の鉄という男が人質として銘酒屋組合に引立てられていったのである。南にすれば子分同様の男だ。だまっているわけにはいかない。合気道八段で、大正十二年（一九二三）関東大震災の折には韓国人虐殺で有名な亀戸警察へ単身乗込み、当時の同志を助けた経験を持つ南のことであるから、玉の井組合の用心棒を相手にするぐらい、意に介さなかった。

この時もたった一人、敵地である組合事務所に赴き、運動員の山本を釈放させ、自分は単身残って、敵方の組合用心棒たちがぐるっと取り囲む中を、玉の井娼婦に対するその非合法性を訴え、一日もはやい解放を説いたのである。

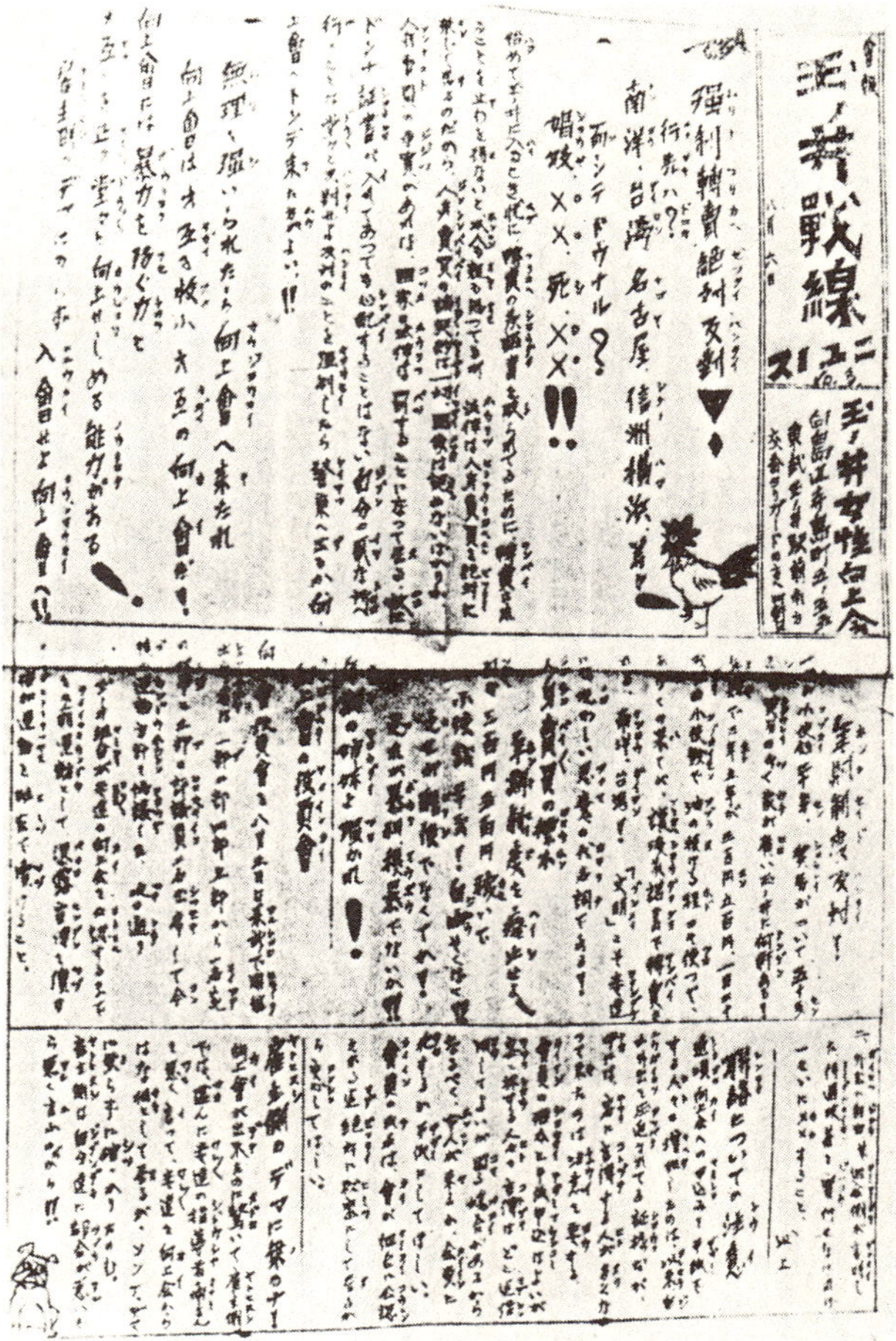

會報
玉ノ井戦線ニュース
八月六日

玉ノ井女性向上会

一 暴利轉賣絶対反對▼◆
行先ハ？
南洋、台湾、名古屋、信州、横浜、等々
而シテドウナル？
娼妓××、死××!!

「玉ノ井戦線ニュース」　労働運動の闘士・南喜一は、既成の玉の井銘酒屋組合に対し、娼婦の親睦会である「女性向上会」を組織した。機関紙を発行、娼婦に対する業者の搾取と迫害をあばいた。

この悶着《もんちゃく》は夜に入り、折柄南親分の危急を知ってかけつけた労働者側と、組合の面目をあくまで死守しようとする用心棒ら、総勢三百余人とのあいだに、東武電車を挟んであわや乱闘が開始されかねまじき有様。上り下りの電車が一時止まってしまうほどだった。

そんな状態で、その夜は川開きならぬ人間花火が危うく打ち上げられそうな気配だったが、寺島警察署長に新任した岡崎英城氏の調停で、幸い流血の惨事をまぬがれ、ことなきを得た。

だが、このへんまではまだ南の蛮勇を象徴する快事として、特筆に価するのだが、生来、気が短く猪突猛進主義者で、これと思ったら前後をかえりみる暇もなく行動に走りやすい彼は、妙なところで行きすぎをやってしまった。

それは女性解放をたった一つの唄い文句にはじめた女性向上会なる運動が、じつは中味のない空疎な内容で終わってしまったということである。一時は玉の井娼婦の半数を占めるくらい共鳴者をよび、従来の銘酒屋組合と数の点からも対立する勢力にまで膨脹したのだが、運動があまりに理想に走りすぎ、現実にそぐわぬ行き違いが種々生じた。

いくら口をスッパくして女たちに泥沼から足を洗うように説得し、運賃まであたえて帰郷させても、一カ月もすると女たちがまた玉の井へ戻ってきてしまうからだ。彼女たちにしてみれば貧しい農村で稗《ひえ》めしを食い、汗水たらして働いても少しもよいことはなく、玉の井にいれば南の運動で雇い主も多少反省の色を見せ、生活は改善の徴しを現わしている。農村では口にできぬ白米や甘い物も食べられるし、金も稼ぎ次第で増やしていける。むしろ玉の井で貯金をつくってゆっくり親孝行をしたほうが、一家のためではなかろうかという考えであった。

かくて、昭和八年中に八一人、同九年に一三六人。これが南喜一が玉の井から救い出した女の数なのだが、このうち確実に親元で働いている事実が判明したのは、たったの二名しかなかったという。(「ガマの闘争」による)

結局、彼のやったことは女性解放の本質をあやまったことになる。荷風は玉の井何千人の女の生活を肯定し、是認し、その風習のなかで自らも美を見出してたのしんだが、南喜一は私娼の身分を悉く金銭の代償に置きかえ、即物的見地から、あたかも俎《まな》板《いた》の魚のごとく洗いざらい女たちを分解した。

そこで、自らのドン・キホーテぶりに気づいた南は、売られてからでは遅い、売られる前に救う、子女売買問題に運動を転換した。やることも猪突的なら、あきらめるほうも早かった。大きな騒動を起こした玉の井の組合争いも、昭和九年、わずか二年足らずをもってここに終熄を見たのである。

だが南の玉の井女性解放運動については、次のような見解もある。

「南という男は機関紙を出して娼婦たちから月三十銭ずつ会費を集め、若い者を用心棒に雇って共産党まがいの運動をしたが、そのやり方は街の騒擾の原因にしかならず、ほとんど売名行為に等しかった。婦人団体などが好奇心からワイワイ見物にきて、迷惑をこうむったものだ。しかしその運動もわずかな期間で手を引き、彼はいずこへともなく去った」（玉の井稲荷・東清寺住職、武田信亮）

——それから二年。「濹東綺譚」を執筆した永井荷風は、小窓の中にかくれたこの生ぐさい事件を、はたして、知るや、知らずや。

荷風のみならず、窓の女に一夜の夢を託した君子の面々もまた、女の肌ににじむこのややこしいトラブルを知らなかったのではなかろうか。

『濹東綺譚』の周辺

玉の井は多くの作家に親しまれたわりに、文学作品の数が少ない。その理由は場所が僻陬《へきすう》にあるのと、あまりに歴史が短かったせいもある。

江戸時代から明治大正に至る遊里文学の代表が吉原であるなら、玉の井もまた大正末期から昭和を通じて、もっとも庶民に親しまれた遊里であるはずなのだが、土地柄の陰湿さが有名作家のプライドに影響するところがあると見え、実際は足を運んでいるにもかかわらず、文学的結実を見るに至らなかったようだ。

あと十年もつづいていたら、玉の井文学はおそらく若い作家たちによって、日本文学に光芒を放つ作品が輩出されていたかもしれない。——などと考えるのは、玉の井オールドファンの愚痴《たわごと》になろうか。

尾崎士郎は随筆「わが青春の街」で、往時の浅草十二階下私娼街と比較して玉の井を書いているが、これは一つの案内記に近い。その他、北原白秋の詩、武田麟太郎の随筆「世帯」、舟橋聖一の「風流抄」等、いずれも土地柄の紹介で、真の玉の井文学とは言い難い。

徳田秋声や室生犀星も度々足を運んだらしいが、その成果はあげられていない。太宰治、安岡章太郎、田中英光なども無名の青年時代に通った文献が残されているものの、この人達もまた作品を形成する段階に達しなかった。もっとも、太宰には晩年の「人間失格」があり、さらに若干の玉の井エピソードがあることを後章で紹介する。

そのなかで「濹東綺譚」の永井荷風ひとりが、玉の井はおろか日本文学の傑作として歴史に名をとどめていることは、改めて喋々するまでもなかろう。玉の井はまったく荷風によって、その名と共に歴史に残されたのである。

昭和十一年四月から荷風は大体半年の日子を費やし、それは単に通算上の月日だけでなく、名実共に雨の日も風の日も玉の井に通って、土地柄を調べ、「濹東綺譚」を書き上げている。

「なにかの包みを小脇にかかえ、まじめな顔をしてニコリともせず、あの大きな身体で毎日よく家の前を通ったものだ。何を商売にしている人か、薄々聞いてはいたが『濹東綺譚』が新聞に出るまでは、女をはじめ、玉の井の人はほとんど知らなかったのじゃないかな」（元三部、娼家経営、横溝兼吉）

荷風によって文学的に高く昇華された玉の井には、社会悪も人身売買の非道もなく、醜悪な面は悉く切りすてられ、美しいものだけが独特の詩情によって描写されている。玉の井はこのような場所ではないと、この執筆態度に種々異論を放つものもあるだろうが、とにかくこの街に「濹東綺譚」という美しい文学の足跡を残したことは、まぎれもない事実なのである。玉の井を描いた代表的文学は「濹東綺譚」につきるといってもいいすぎではない。

「濹東綺譚は特に美しく書こうとしたのではないでしょうか。あれは先生の詩だと思います」

と久保田万太郎はいい、雅川滉《つねかわひろし》（成瀬正勝）は、

「後世になって、その頃玉の井はどうだったということは、濹東綺譚を読むと一番よく出てくるのじゃないか」

と言っている。

「濹東綺譚」の内容はいまさら述べるまでもなく、場末の色街玉の井を背景に、私という主人公と娼婦お雪との、これという筋もない淡々たる交渉を描いたもので、梅雨どきから秋にかけてなじみを重ねるうち、お雪の気持が次第に主人公に傾斜し、結婚をのぞむそぶりを見せはじめたので、過去に結婚で失敗した経験を持つ主人公が、自ら身を引くという、波瀾も葛藤もない淡彩画的内容のもの。並行して副筋に、英語教師と女給との別個の話を対照的にすすめてある。

執筆は昭和十一年九月二十一日起稿、同年十月二十五日脱稿。翌十二年四月十六日から東西朝日新聞夕刊に、木村荘八の挿絵で掲載され、六月十五日、三十五回で完結している。

わずか三十五回分の小説が、延々六十日間にわたるほど掲載が長引いたのは、朝日新聞社機「神風号」の訪欧飛行記事と、国際関係記事の輻輳によるもので、この年の七月七日には盧溝橋事件という日支（中華民国）間八年戦争の火ぶたが切られている。さらにこのような軟派文学が当時の世情にあまり歓迎されなかった理由もある。

もし、あと一カ月掲載が遅れていたら、「濹東綺譚」は終戦まで日の目を見ることはできなかったろう、と中村光夫は言っている。

なお、作中の女主人公お雪については、荷風研究家の間にも議論があり、抽象的な、荷風の一つのイメージとして描かれた玉の井の女——という意見もあれば、確実なモデルが存在すると主張する説もある。

荷風外伝その他数多く荷風関係の著書を上梓している秋庭太郎は、

「お雪は荷風の敵娼《あいかた》をモデルにしたには相違ないが、なじみの娼婦一人をモデルにしたというより、この色里の娼婦たちの誰かれをない交ぜて描写したと見るべきであろう」

と述べているに対し、晩年もっとも荷風に接近して、その言動を微細に記録し、著書にまで引用している小門勝二は、

「濹東綺譚には一つの潤色もない。事実そのままを書いたと、荷風は口をすっぱくして言っている」

と、自著「荷風歓楽」の中で述べているのも面白い対照である。

小説は作者の創作方法にもよるが、だいたい虚実とりまぜて描かれるのが常道で、悉く事実に基づくことはむしろ困難に近いという説もある。

こころみに、荷風日記（「断腸亭日乗」）に登場するお雪らしい女の風貌について、

部分的描写を捉え、ここに摘記して、大方の判断に供するのも一考と思う。

――女が一人いるだけで、抱え主も女中もいない娼家があり、女は丸顔で眼が大きく、口も締まり、こんなところで稼がなくてもと思われる容貌。

――日が替わって行くと、女は扁桃腺をやんで、下座敷の暗いところに古蚊帳を吊って寝ていた。

――別の日。この夜女は根下りの丸髷に赤い手柄をかけ、晒木綿《さらし》の肌襦袢に赤い短い腰巻をしめていた。

その他――

――横浜のチャブ屋からきたという女が新たに加わり、長火鉢を囲んで女二人の身上話をきく。

――女は髪結に行くというので一緒に家を出、六丁目の角で別れる。

――店の小窓がしめてあって女の顔が見えない。戸をたたくと女が出て、いま前借金のことで主人といざこざを起こしているという。

――夜気が冷やかになり、炎暑のような勇気も消滅したので、玉の井の女の家へ行くのも今日かぎりにしようかと思いわずらう。

＝いつもの家へ行くと、三つ輪のような髷を結った新顔の女や、雇婆もきている。

——以上が大体「濹東綺譚」のお雪に関するそれらしい取材個所の文意であるが、原文はむろんもっと克明仔細に描写されている。原作をご一読ねがいたい。

日記によると、荷風の玉の井通いは昭和十一年三月三十一日から始まって（昭和七年にも行っているが）「濹東綺譚」の取材期間から脱稿まで、およそ三十二、三回ぐらいになる。

それに、必ずしもいつもの家（お雪の処らしい）ばかりでなく、目先をかえて他の店にも上がっているようなので、日記のどのくだりが「濹東綺譚」の素材に使われているか、一々けじめをつけることはむずかしい。大体前述の、寺島町七丁目六十何番地かのドブ際の家に、一人で店を仕切っていたという女が主要素材になってはいるのだろうが。なお、お雪らしい女のいざこざの解決は日記にも書かれていない。

それにしても、五十八歳にして執筆を含み、これだけの行動力はなかなかの体力である。もうこれで玉の井通いをやめようかと思いなやみながらも、ふんぎりがつかず、ふたたび出かけて行くいじらしさ。これもまたしみじみとした「濹東綺譚」裏口の情景であろう。

　ところで、お雪に関してはまだ余談がある。荷風が自分でもお気に入りで、お雪のイメージらしく紹介している写真に、娼家の二階出窓に腰をかけた後姿の娼婦がある。黒襟の半纏につぶし島田の、その姿はだれが見てもお雪にピッタリの容姿で、これは荷風自身も悦に入って、私家版「濹東綺譚」の口絵に用い、また没後は荷風全集にも使用されているが、実際はこのモデル写真はお雪とは無縁の女で、しかも玉の井ではその方の豪の者として知られていたのである。

　この女は一の酉の夜、十二時から三時までの間に客を十二人も取り、四十円の稼ぎを上げて平気だったという評判の娼婦なのだ。ある日荷風はカメラ持参でこの女を撮ろうと出かけたものの、余りのご面相のひどさに怖れをなし、後姿だけ撮ったという。

　ところが、それがうまい具合に湯上がりの髪といい、おあつらえ向きの姿になり、うしろ弁天がかえって情緒をたたえて、お雪らしい風格をかもし出したといわれる。そしてこの写真はだれが見ても「濹東綺譚」の巻頭を飾るにふさわしい傑作になったのである。

かく言う私もお雪に半ば興味を持ち、戦後三十五年も経ってから、お雪を実在の人物と仮定して玉の井の街をさがし求めたことがあるが、何しろ全焼で戦後は一変し、地名も東向島五丁目と改正され、区劃も変更されて住民もほとんど入れ替わり、まったく手がかりをつかめなかった。

昭和二十年三月十日の空襲で玉の井娼家街は全焼し、命からがら逃げ出した住民や娼婦たちは、一時、風下の東へ東へと向かって、砂町、浦安方面へ落ちのび、さらに地方の縁辺をたよって急場をしのいだ。また、罹災をまぬがれた玉の井大正道路（現いろは通り）以北の墨田三、四丁目の一部、もしくは一キロほど南の向島一丁目（後の鳩の街）あたりに、難をのがれて仮寝の宿を得た人もある。

お雪がもしこの空襲当時から戦後のある期間にかけて、玉の井に居住していたと仮定するなら、年齢も三十二、三の年増盛りだし、まだあの職業は継続されていたようにも思えるが、なにせ女に点の辛い荷風が、鶏群の一鶴であったと褒めるくらい利口な彼女のことであるから、戦時中転身したことも容易に考えられる。

だが、思いがけず、昭和五十六年になって、その二、三年前に「濹東綺譚」作中にある旧寺島町七丁目六十一番地所在、ドブ際の家の安藤なる娼家の主が、二十年三月十日の罹災後、墨田三丁目に移転していることが判明した。主人の安藤信雄という人は、戦後、東宝映画「濹東綺譚」製作に嘱望されて種々私娼街の指導をした副組合長だが、二年前八十二歳で物故し、現在は老婆が孫と一緒に暮らしていた。

ところがこの老婆がすこぶる気性のはげしい人物で、荷風は一度も家へ泊まったことはない、お雪なんていう女もいなかった、と怒鳴り、その他私の質問にも一切応じてくれない。私には老婆とも顔見知りの昔の娼家の妻女が同行していたのだが、この人も余りの見幕に一言も口を出せなかった。

小説の中でお雪が、

「主人の住居は玉の井館という寄席の後のほう――」

と教えるくだりがあり、その言葉にちょうど現在の住居が該当するので、時代は違うがもしや何かのひっかかりがあるかもしれぬと思い、私も勇躍したのだが、ついにそれ以上の解答を得ることはできなかった。

しかし、なぜ安藤の老婆がこのように柳眉を逆立てたのか、しいて推察するならば、日記の中で、いま前借金のことで主人とごたごたがあると書かれ、広く文章となって流布されたことなどが、おもしろくなかったのではなかろうかとも考える。

日支間の紛争もまだ初期時代だったことゆえ、ジャーナリストらの攻勢もあったのではあるまいか。お雪に味方する人間は多々あっても、当時の社会状態では業者の肩を持つ人間はまず考えられない。が、この判断はあくまでも私の憶測の範囲を出ないことをお断りする。

いずれにしろ、このはげしい言葉の裏には何か理由が存在しなければならぬと思い、附近の人や二、三の旧娼婦関係の人にも問い合わせてみたのだが、なにぶんにも古いことであるし、住民に「濹東綺譚」の記憶すら薄らいでいる現在、その理由はつかめなかった。

しかしこの一事をもって荷風描くところの、安藤家及びお雪が架空のものであるとは、日記や作中描写に照しても容易には判定できない。なぜなら、荷風は過去の作品からしても実名を使用することがしばしばあるし、玉の井の場合でも鎌田花とか桑原とか、その他花電車の個人名を通称のまま用いている。

もし寺島七丁目六十一番地安藤まさが、架空の場所及び人名であるとするなら、ご当人は現存するのであるし、不思議といわざるを得ない。

お雪は小説で一躍有名になり、器量を買われて相当な人物に引抜かれ、家庭に納まったと見るのが、大体順当な経路と私には思える。一部の業者が唱えるお雪淫乱説は、おそらく荷風がカメラに納めて著書の口絵に使用した（前記）二階の窓にもたれた後姿の娼婦と混同しているのではなかろうか。「断腸亭日乗」等、過去の例に徴しても、荷風は自分の関係した女が淫乱である場合、容赦なくそのように書いている。捉えるべき点は捉え、みだりに筆を外らさないようだ。

奇縁ずくめの荷風と高見順

荷風の玉の井通いは「濹東綺譚」完成後も、十二年、十三年と相変わらず連日のようにつづけられ、こんどは元のなじみ以外に河岸をかえて、新しい見世で遊んでいる。改正道路を越した四部と五部以外、ほとんど玉の井で足を向けない場所はなかったのである。

それにつけても、いささか話が落ちて申しわけないが、いずれにしても玉の井は「下」に縁の深い街なのだからお許しをねがうことにして、遊び放題あそんでいる荷風が、よく無疵《むきず》で過ごせたことである。場所は名にし負う魔窟王国「玉の井」であるし、お雪さんでさえ名をはばかる病気にかかっているのだ。

玉の井遊びの通はたいがい検査直後に出かけるが、荷風のような遠方に居住する大人が、若い者なみにおいそれと検査直後をねらう小器用なまねもできなかろう。それに、女は検査日を表看板にして客を取る場合もあるので、一概に油断はできない。

「厳重に武装する人だそうですよ。荷風先生の性格にそういう禁欲というか、意志的な一面があると思うのです。遊蕩の中のストイシズムですか。生涯武装で通している人らしいのです。厳重な武装ですからどういう陋巷《ろうこう》でも突入するわけですな。それと、金銭のこともあるかもしれませんが、趣味としても一種の陋巷趣味があるかもしれませんね」

昭和二十六年三田文学六月号の座談会で、佐藤春夫は荷風の遊びについてこう語っている。佐藤春夫は荷風が教鞭を執った慶応大学文学部時代に、久保田万太郎、堀口大学等と並んでの教え子である。

荷風自身もその方の防備については、若き日のアメリカ生活時代に、愛人を兼ねた娼婦の Edyth Girard という女から種々知識を授けられ、固く実行していた。

荷風の遊びは戦後も、小岩、新小岩、亀有など、相当危険な方面にまで突入しているが、佐藤春夫の説通り、その形跡は見当たらない。しかし血液検査はたびたびやっていたようだ。

これは遊びとは問題が違うが、叔父（父久一郎の三弟）坂本三蘋《さんぴん》が高見順を私生児として生み放したことに触れて、

「元来私生児のことなどは道徳上の論をなすにも及ばず、ルーデサック一枚を用意すれば、人生最大の不幸を未然に防止する事を得るなり。もし其瞬間の快感如何を慮らば、ゴム製の安物に代るに上等舶来魚皮製の高価の品をもってすべし。その他に簡易の方法はいくらもあり」

と、言外に自分の楽屋裏をのぞかせて非難しているくらいであるから、よほどその方面の防備には自信があったのであろう。

高見順の登場と同時に、どうしてもここで荷風と高見との関係を述べておく必要がありそうだ。

高見順にも「いやな感じ」という長篇のなかに、玉の井の風俗を捉えた傑作があり、その他、浅草レビュー界の楽屋裏に出入りして、作品取材をするなど、荷風と共通の行動が多い。だが、もっとも大きな事柄は、二人が従兄弟という血族関係にあることである。

この経緯には高見の出生に対する認知問題が介在して、複雑な様相を呈しており、

表立って公表されないので、一般の人にはあまり知られていないようだ。

荷風が明治十二年（一八七九）の出生であるに対し、高見は四十年（一九〇七）で、年齢にも二十八歳という親子ほどのひらきがあり、また境遇にも相違があるが、荷風にすればもうすこし違う処に拘泥の原因が存在したらしい。

荷風が親戚方面と疎遠なのは、あまねく人の知るところだが、高見との場合は同じ親戚でも問題がちがっていた。それは、高見順の出生に対して、その父親であるところの叔父坂本釤之助《さんのすけ》（前記、三蘋）に快い感情を持たなかったからである。

高見順は明治四十年（一説には三十八年）高間古代《こよ》の私生児として福井県三国町に生まれ、生涯母方の高間姓を名乗った。高間芳雄が本名である。

父親の坂本釤之助は荷風の父久一郎の三弟（前述）で、明治十五年大審院判事坂本政均の聟養子となり、福井県知事から貴族院議員を経て、枢密顧問官に累進。三蘋あるいは蘋園とも号する詩人であったが、生涯高見順を入籍しなかった。

その理由には、確かなことは不明だが、一つの伝説のようなものが介在していた。坂本釤之助が新任の福井県知事として県下事情視察におもむいた際、夜伽に出たのが高見順の母高間古代で、その際懐妊したという通説なのである。

荷風が気に入らないのは、この点らしかった。この坂本釤之助らしい人物をモデル化した「新任知事」という小説を、荷風が発表したのは明治三十五年（一九〇二）十月号の雑誌「文芸界」で、三十五年ならまだ高見の出生以前の話であるから、直接、高見とは関係ない。だが、荷風にとってはたとえ地方の風習であるにせよ、新任の政治家がおぼこ娘を夜伽にして手を出したというのが気に入らないのである。

荷風は一見題材などの好みから、女道楽のような印象をあたえやすいが、実際は男女関係にきびしいピューリタンで、職業女以外には手を出さぬ潔癖さを持っていた。素人女に対するルーズな行動を極度にきらったのである。日記（「断腸亭日乗」）の中で自分とある程度交渉をもった女連（短期間の妻も含み）を、堂々と列記しているが、そのほとんどはプロスティチュート出身で、荷風の性向からして好まぬ関係もあろうけれど、生娘というのはいなかった。

そうした性癖もあり、荷風にとっては、いやらしい権勢欲に燃えた若僧の新任知事が、たとえ叔父にせよ、社会正義の立場上、権力を利用して膳の給仕を餌に婦女の肉体を弄するなど、許せない行為に思われた。

風習とはいえ、議政壇上で倫理をのべる人間が、陰でこのような行動を取るなど、表裏ある欺瞞生活を許さなかったのである。婉曲に筆誅を加えたわけであった。

そしてその筆誅がちょうど四、五年後の高見の母古代との事件に重なったもののようだ。一説には赴任後間もなく行われた高間古代との関係が長引いて、高見順が出生したとも言われる。

「新任知事」の内容は男女関係の情事を描いたものではなく、権力の権化みたいな、虚偽、権謀、詭弁等、あらゆる手段を選ばず、野心に燃えた一人の官僚を摘出したもので、その陰における風習上の悪徳を非難しているのは論をまたない。荷風にしては珍しく硬質の文学である。

現役の政治家である叔父彰之助が、自分をモデル化したらしいこの小説を読み、激怒したのは当然であろう。爾来、荷風とは義絶状態になった。

高見順自身は生い立ちを題材に「私生児」という作品を書いているほどで、出生前の問題であるし、直接この争いに関係はないのだが、荷風にしてみれば元々の親戚ぎらいがそうしたいきさつもあって、うとましさを持ったようだ。高見は後年、浅草を舞台に物を書くようになってから、荷風に親近感を寄せ、人を介して交際を申し出たが、荷風は受付けなかったらしい。陰では高見のことを一文士などと言っていた。

ちょうど「文芸」に「如何なる星の下に」（昭和十四年）を執筆中だった高見は、単身、浅草の五一郎アパートに立てこもり、あの長身（一八〇センチ）でオーバーの裾を端折り、せまいレビュー小屋の裏階段を上がり降りして、浅草の世界に没入していた時代である。

レビュー関係者の溜り場である新仲見世の森永喫茶店や、オペラ館の裏通りなどで高見が黙礼しても、荷風はプイとそっぽを向いて応じなかった。私は荷風と高見の関係をその時代には知らなかったが、作家ぎらいの荷風であることは知っていたので、偶然高見の後ろを歩いていて、どうするかなと興味を持ったところ、オペラ館楽屋口のわきの縁台に腰をかけていた荷風は、私の期待通り横を向いてしまった。むろん、後ろを歩いていた私には、高見の黙礼は雰囲気程度にしかわからない。

荷風にしてみれば、踊り子たちとの舞台裏の交渉など、なんとなく真似られるようで、快く思えなかったかもしれない。

興味深いことには、荷風が良家（父久一郎は錦鶏《きんけい》の間祗候《しこう》、日本郵船横浜支店長）の出身で、お坊ちゃん育ちであるわりに、高度の学歴がなく、少年時代、神田の英語学校や外国語学校の清語（中国語）科に臨時入学したり、高等師範附属中学を卒業した程度であるに反し、高見の方は母一人の手で育てられながら、一中、一高、東大、と最高の学歴コースを辿っていることである。

もっとも、荷風は渡米後、タコマのハイスクールで、ミシガン州カラマズウ大学のフランス語講座に出席し、秋八七点、冬八〇点、春八四点という、優秀な成績を残しているそうだが——。

文学の世界とは奇妙なものだ。名門出の荷風が青少年時代に落語の前座をしたり（深川の寄席、芸名朝寝坊夢之助）、福地桜痴に弟子入りして歌舞伎座の狂言作者部屋に入り（本名、永井壮吉）柝《き》をたたくまねごとをしたり、やがて幾多の文学的遍歴を重ねて、陋巷「玉の井」に材を取る傑作を残したかと思うと、私生児として長らく認知されなかった従弟の高見順が、作品傾向こそ相違するものの、これまた荷風のコースにぶつかっている。宿縁というべきだろうか。

さて、余談はこれくらいにして玉の井に移ろう。

高見順が玉の井を部分的に登場させた「いやな感じ」を書いたのは、「濹東綺譚」よりずっと後で、昭和三十五年（一九六〇）文学界に連載されたものだが、時代は戦前を題材にしている。

全体がプロレタリア文学華やかなりし時代の、荒削りな人間描写と文体で表現され、およそ荷風とは正反対の情緒性の乏しい作品になっているが、玉の井風俗を描いた点では独特の迫真力がある。昭和初頭から中期にかけ、一人のテロリストの生涯を描いた長篇で、玉の井は主人公の青春彷徨時代の一部に描写されているに過ぎぬが、すこし紹介してみる。

「暗い踏切の手前で円タクをとめた。旦那、お楽しみですねと若い運転手がにやにやしながら、釣り銭を出した。なに、言ってやがると砂馬《すなま》慷《こう》一はその小ぜにをひったくるようにした。道路の向うを汽車の線路が横断している。旧式の機関車がその道路の真中に立ちはだかって、老いぼれの喘息病みみたいに、ゼーゼーと白い息を吐いている。市外の、ここは場末のどん尻だ」

という書き出しで始まる。おもしろいのはこの小説が徹頭徹尾きたない形容で表現されていることで、それがふしぎに玉の井の風物とマッチし、荷風作品とは大ちがいになっている点である。

円タクとはむろんタクシーのことで、当時は一円が通り相場なのでその名称があった。浅草から玉の井までは大体三十銭だが、メーター制ではないから、料金は距離により運ちゃんの裁量一つで自由にきめられた。

道路の向こうを汽車の線路が横断し、旧式の機関車がその道路のまん中に立ちはだかって、老ぼれの喘息病みみたいにゼーゼーと白い息を吐いている。——という描写は、改正道路、すなわち水戸街道の南側から見た光景で、東武鉄道伊勢崎線がまだ煙突のひょろ長い旧式の機関車で、マッチ箱のような貨車を二三輛引っ張り、白い煙を空にふかしながら旧白鬚停留所（後に玉の井駅と改称）から鐘ヶ淵へ、トコトコ走っていた時代である。

この時期には既に東武伊勢崎線は電化され（大正十三年）貨客両様の電車が走っていたが、煙突を持った旧機関車も私はよく見かけた。

そしてこの改正道路には東武線の他に、もう一カ所五〇メートル程北側に踏切りがあり、通行人は長いあいだ待たされるのが常だった。それは京成白鬚線で、京成電車の向島駅から成田方面に向かう本線と分かれた支線が、左折して長浦を通り、改正道路を横切って、玉の井私娼街を横断、白鬚橋の東側までわずか一・四キロの距離を走っていたのである。

だがあまりに利用客が少ないため、昭和十一年二月廃線になった。夜間だけは玉の井客で採算が取れても、昼間はまったく乗客がなかったのだ。「濹東綺譚」の中にも廃線後の京成軌道跡の描写がある。

高見順の「いやな感じ」をつづける。

「歩道のはじに屋台が並んでいる。縫い目に一列にとっついたシラミみたいだ。屋台はつぎはぎだらけの布でかこってある。この通り〔注・改正道路のこと〕はから風が強いのか、ぼろ隠しのような布の下に重石がつけてある。石は囚人を縛るような麻縄でからげてある。豚の腹綿を焼いている煙が、もくもくと布の間から立ちのぼっている」

玉の井発祥の基幹道路が白鬚橋から東へ通じる大正道路ならば、この改正道路は玉の井の街をさらに充実、発展させた、産業（？）道路ともいえる。幹線第三〇号線と称し、関東大震災後の復興都市計画で、本所業平方面から延びた水戸街道を、荒川堤の約一〇〇メートル手前まで延長新設された幅二二メートルの舗装道路である。

この道路が出来てから玉の井の街は一新した。商店街の中小道路が相変わらずうねうねと、迷路を取り囲んでいることに変わりはなかったけれど、雨の日には足場もないくらいぬかるんでいた路もコンクリートになるし、娼家の外観などにも松や竹の飾り壁などを配し、しゃれたつくりになった。

道路の西側に屋台店が並び、土地の人たちはここを玉の井銀座とも言った。タクシーなどもほとんどこの道路に集中されたのである。

しかし、この道路の竣工当初はいたずらにばかデカく、何やら落ちつかぬ感じだった。道路をはさんで東側に四部五部の娼家街、西側に一部から三部までの、玉の井では中心的娼家街があり、遊客が多く集まるのは主として東武線利用者の多い一部二部三部の方で、たいがいこっちのほうで相方をきめてしまう。だだっぴろい改正道路を越して四部五部まで女を漁りに行くのは、相当の物好きであった。が、この一画（四部五部）には背後に曳舟《ひきふね》川があり、附近一帯が工場地帯だったので、そちらの方面から来る遊客もかなりいたわけである。

改正道路の北端は荒川放水路の堤防一〇〇メートル位の処まで、長らく未舗装のまままで放置され、対岸の四ツ木まで行くには手前を右へ迂回して、二輪車以外は通れない、細長い木橋の四ツ木橋にたよるよりほかなかった。

玉の井住民はこの改正道路の新設によって、回生の思いに捉われたとはいうものの、利用価値の上から道路として真の面目を保つようになったのは、戦後、昭和二十七年（一九五二）道路を直線に荒川放水路をまたぐ、鉄橋の新四ツ木橋が架設されてからではなかろうか。

「前述の日〔女と遊んで〕からちょうど三日後の朝のことだ。こういう時こそ、チョウフを使おう。女のあれをヤチと言い、男のあれをヨシコと言うのだが、下宿屋のせんべい蒲団のなかで目をさました俺は、俺のヨシコのさきがエテマタ（エテとは猿のことだ）にくっついたまま、なんとなく動きがとれなくなっている感じに、おや？　と思って、寝ぼけ眼をこすりこすり、起き上って、のぞきこんで、

「やったあ！」

と俺は叫んだ。一遍に眼があいた。（中略）

何もわざわざこんなきたならしい話をすることもないのだが、それは俺には、寝ぼけ眼が一遍にあいたどころか、眼の前が真暗になったようなショックだったからだ。

当節のようにペニシリンといった便利な薬のなかった時代である。一遍かかったら、なおすのにひと苦労だったたから（以下略）」

玉の井での検黴は大正十五年(一九二六)一月から厳格に実施され、特に密淫売犯として検挙された者に対しては、毎月、五の日に定期的な検黴が行われた。密淫売というのは、保健組合や警察に登録されていない女(散娼、素人女、飲食店、宿屋関係従業員等)、要するに組織を通した検査を受けない女の売春や、私娼が指定場所以外で売春をすることで、病気の伝播率が高かった。

東京都が本格的に性病対策に乗り出すようになったのは、昭和十三年(一九三八)ころからで、向島区には同年、向島須崎町に本所花柳病診療所を設置し、性病患者の治療に当たった。玉の井ではこれより早く、寺島町三丁目昭和病院が行っていたが、戦時中は物資が欠乏し、サックも統制品で品切れになるし、薬液の「過マンガン酸カリウム」等も生産が間に合わず、やむを得ず、わけのわからぬ代替品を使っていた時代もあった。

何しろ戦時中は生めよ殖やせよが国策であったから、コンドームは一般家庭に用がなく、用途はもっぱら、戦地で兵隊が慰安所の性病予防に使う方面に回されていた。

そのためコンドームの値がいちじるしく騰貴し、昭和十七、八年、遊興費(泊まり)が二十円位のころ、一個五円ぐらいの闇値がしたのである。また、遊興方面ばかりでなく、多産奨励時代だったとはいえ、子だくさんで困っている家庭などは、何回も同一品を使用したという話を私は聞いている。

チリ紙も配給制になり、娼婦だからといって特別に業務用が支給されるわけではなく、一般家庭同様一人一日三枚の割で、十日分単位に受取った。大小合わせて一日三枚とはどういう計算なのか。ずいぶん酷な話だが、まだ家庭に水洗設備のない時代のことなので、男は大抵古新聞や古雑誌で間に合わせ、配給は女性に回していたようである。

しかし娼家には組合を通じて闇配給があり、その方専用の高価なさくら紙を使っていた。ない、ない、と言いながら、物資というものはおおむねどこかに隠匿されて、業者に回るものと見える。

一時キキン状態を伝えられたコンドームでさえ、戦後は、百万個も退蔵されていたことが発見されたのである。

「いやな感じ」の主人公があやしげな病に罹患し、荷風と高見の関係が思わぬところで横道にそれてしまったが、本来この文は玉の井を中心にした風俗関係の描写であるから、そのまま話をすすめてみよう。

小説の主人公は玉の井の娼家で罹患し、当時存在した柳島のセッツルメント（社会事業所）へ治療を乞いに出かけたのだが、花柳病は当所では扱わぬと門前払いを食わされ、やむを得ず他の診療所へ回った。

ところで、私がここに花柳病をわざわざごていねいにも引き合いに出したのは、この小説が克明仔細に治療の状況を描いていることで、世に小説の数は多いが、こういう珍しい描写は他に類を見ない。戦前の一つの時代相としても貴重な内容であると思う。

作中主人公はエテ股の異変で眼の前がまっ暗になる。当節のようにペニシリンという便利な薬のなかった時代、一遍かかったら、治すのにひと苦労だった、と述懐している通り、ひと通りやふた通りの難行苦行ではなかったのである。

しかもこれが当時は青春の勲章で、一人前になったしるしだなどと経験者はとぼけていたのであるから、現代の若者から見たら、まことに想像もつかぬ、摩訶不思議な時代だったといえよう。

「あの頃の治療は全くもって、原始的と言うかなんと言うか、ここ〔診療所〕だけが特別に原始的だったと言うんじゃなくて、どこだってそうだったのだが……。

馬の注射器みたいな太い管に、紫色の液体をたっぷり入れて、それを俺のヨシコのさきから注入するのである。人の眼にさらすのは、いくら男だって恥しい、相手が医者でもやはり恥しい、そのヨシコの、コスイ（小便）を出す穴から逆に、液体を逆流的につぎこまれるのは、心理的だけでなく、生理的にもいやな感じだった。おまけにその液体は、俺がクララ〔玉の井の娼婦〕に初めて会ったとき、便所でお目にかかったあの洗滌液とそっくり同じなのも、いやはや、いまいましい限りだった。そいつを、しこたま——ほんとは、静脈注射のザルソブロカノン〔中略〕ぐらいの量だったけど、実感としては、しこたま、俺のヨシコにつぎこむと、医者が、

「はい、おさえて」

と俺に言う。

そこで俺は、てめえのヨシコのさきを、てめえの指でおさえるのである。ヨシコのなかにつぎこまれた液体が、そのままでは当然すぐ出てしまう、というより液体自身がいわば居づらくて、飛び出したがるみたいなのを防ぐために、自分の指でおさえるのである。〔中略〕

人には背を向けているとはいえ、その背が丸見えの診療室の隅で、妙なところを

自分の手でつまんで、壁を睨んでいるその恰好は、全く見られたざまじゃない。恥知らずになるために、みずからをそうして鍛錬しているかのようだった。破廉恥をみずからのうちに養成するために、そうして醜態をさらけ出しているかのようだった。

今は注射や呑み薬でたちまち、けろりとなおってしまうのだろうが、昔はこういう醜態をさらしに、まるでそのためのように、毎日通いつづけねばならなかった」(中央公論社「日本の文学」所収)

引用が長引いて恐縮だが、しかもこの治療は相当長期間にわたったのである。なお、高見順の「いやな感じ」は、全体がスケールの大きい政治問題を扱った作品で、昭和の歴史を描こうとした野心作といわれ、波瀾に富んでいる。玉の井が舞台に登場するのは序の口で、ここに引用したのはそのなかの一小部分にすぎぬが、改正道路や娼家街を描いた適確な視点は、土地柄を理解する上に重要だと思う。

本所に多かった私娼／玉の井娼婦の生態

関東大震災で焼失した浅草十二階下の娼家群（銘酒屋）が、玉の井と亀戸の二手に分散したことはすでに述べたが、かならずしもすっきりと事が運んだわけではなかった。

なにせ、娼家群というのは浅草公園におけるガンであり、人を集める点では効果があっても、良民や婦女子にとっては迷惑千万な存在であった。

しかも娼家というのは、皮肉にも社寺、盛り場など、人の集まるところに巣食うのが通例で、浅草寺にしてもそういう職業を知って最初から彼らに土地を貸したわけではなく、知らぬ間に矢場とか射的屋とか、新聞縦覧所等、いろいろの職業にカムフラージュされて、次第に増えていったのだから始末がわるかった。

浅草の新聞だけは紙がない
新聞なら家で読めよとおやじ言い

こんな川柳も流行したくらいで、新聞とは名ばかり、実際は新聞縦覧を表看板にする売春窟の世間体をはばかる名目なのであった。

そこへもってきて、大震災という天災が、怨みっこなく焼け払ってくれたのであるから、一見おあつらえむきのようにおもえるが、どっこい、そうは問屋が卸さず、大半の罹災者は居住権を楯に取り、旧地への居すわりを主張した。

人災ならやむを得ぬが、天災である以上、おいそれと場所は移せぬという。番狂わせの災難で、簡単には予定も計画も立てられず、さしあたりどこへも行く処がないから、暫時以前の場所に復帰して、あらためて方法を考えるより仕方がないというのである。

吉原の遊廓には明治以前まで雷門のまん前に仮宅《かりたく》の設備があり、火災の場合、ここで公然と営業を認められていた。同じ売春業者である以上、われわれのほうでもバラック小屋を建て、旧地で営業をはじめるのが、この非常時下の人情として当然ではないか、というわけだった。

だが頑として、一時は大勢を支配しそうに見えたこの人情論を拒否したのが、警視庁の保安部長をつとめる丸山鶴吉であった。彼は大正三年の就任当初から浅草の銘酒屋街追放を念願にした、根づよい粛正論者だったので、この機に乗じ、一軒たりとも断じて業者を復帰させぬ強硬手段をとったのである。

従ってこの問題は業者の肩を持つ市会議員等によって、政治問題化し、長いあいだ紛争をつづけた。

しかし客観状勢としては都市計画が進行し、言問通りの道路開発で、観音堂裏の一部の銘酒屋が、玉の井に移住する計画がすでに決定されていたため、天災をもってゴテ得にしようと企らんだ他の業者連も、ついに主張をひるがえし、大半のものが移転に合流することになったのである。

一方、玉の井の銘酒屋が、白鬚から東へ向かって敷設された大正道路によって、急激に増加した通行人を目当てに、まだ浅草の業者連が移住する前から、当初五、六軒ほどの店で営業をはじめていたことは既に述べた。

その中には後年玉の井業界の大ボスとも言われるようになった、金玉屋、桑原、萩の家、その他、向島に立派な料亭兼待合を営業し、明治文士の溜り場にもなった入金《いりきん》（これは中途で店舗を委譲）等も含まれていたのだが、玉の井が浅草の業者らの大量移入によって、大銘酒屋群としての基礎が固まったのは、大体、昭和四年ごろからである。

「こんな籔《やぶ》っ蚊《か》ばかりの、こやし臭い場所で、女の商売ができると思うか」

などと、始めのうちは腰がきまらず不平たらたらだった浅草の転入業者連も、この時期、丸山鶴吉が警視総監に昇任するにおよんで、ことここに至っては腰を落ちつけざるを得なかった。

浅草と南葛飾郡寺島村では、月とスッポンほど土地の格式が違うのである。

と、同時に、浅草以外の土地からもこれに便乗して新規に開業する者が増え、ここに玉の井銘酒屋街のゆるぎない地盤は確立した。

元玉の井三部で銘酒屋を営んでいた横溝兼吉氏は、往時をかえりみて語る。

「わたしは綱島の樽屋町で土建屋の手伝いをしていたが、こんど玉の井という場所に面白いところができたから行ってみろと仲間にすすめられ、最初は家賃九十円で一軒借りた。だが、なにをしたらいいのか、女はいないし、道具はないし、何もすることがない。半年ぐらいは毎日ぶらぶらしていた。そのうち、やっと銘酒屋らしいものの商売の内容をおぼえ、貯金をはたいて、六千円の権利金共で、元の京成電車の前に店を一軒買った。

そして遅まきながら店をはじめた時には、業者が四七八軒に増えていて、新規の建築を警察から禁じられた。最初のころは浅草の業者のまねで、テーブルに椅子の店もかなりあったのだが、それではどうも場所を取るので、現在のような間取りに改められた。何しろ一番苦労をしたのは女で、桂庵（周旋屋）は三軒位、看板は出していないしいしもたや風の家で、玉の井にも平田、津田などというのが手広くやっていたものの、なかなかこっちには順番が回ってこない。

周旋屋は地方のゼゲンと連絡をとって銘酒屋へ回す仕組みなのだが、自分で出かけていって探すのもある。わたし自身も経験のため、自分で出かけて直接地方の人に口をかけてみたけれど、とても素人がやれる商売ではなかった。

まごまごすると村人と喧嘩になり、半殺しにされかねない。わたしも昔は土建屋できたえた男なので、そうやすやすひけは取らなかったが、けんかに来たのではないので、おとなしく彼らの言いなりにした。女には「年季」も「分け」もあるのだが、ただ金を出せばいいというものではなく、ほんとにはじめのころ、この商売には泣かされた」

ここで一言したいのは、玉の井の娼家群は前述のとおりほとんど九分通り、浅草十二階下移動群によって占められていたとはいうものの、娼家そのものの歴史の点では、本所の土地のほうがはるかに古く、むしろ兄貴分にあたることである。

そこで、玉の井の過去にさかのぼり、土地と人間との有機的つながりについて、もう少し考察の眼を向けてみることにしよう。

関東大震災による浅草娼家群の流入現象は、あながち大正道路で営業を開始した先発娼家が、呼び水になったという動機ばかりでもなかった。

元来、本所（現在は向島区と合併して墨田区）という場所は昔から私娼の多いところで、「隠れ里」ともいわれ、土地柄の貧しさから、安直、簡便、かつ廉価に、女が商売をいとなんでいた。

安永三年（一七七四）刊行になる「婦美車紫鹿子《ふみぐるまむらさきかのこ》」、天保十五年（一八四四）刊の「かくれざと」、明治二十五年（一八九二）刊「花知留作登《はなちるさと》」によると、本所は江戸のなかでももっとも私娼の多い所で、松井町二丁目、入江町一、二丁目、吉田町、吉岡町、横堀、南本所大徳院前、回向院前土手側、亀沢町、大橋六間堀、安宅長屋等があげられている。

値段は昼夜共で一両、二分二朱《しゅ》、一分、六百文《もん》、二百文、五十文、と場所によって差が大きい。

特に吉田町（大横川べり）はもっとも低級で、夜鷹（夜発《やはち》）の本場とされ、江戸中でも有名であった。客は主に中間《ちゅうげん》、小者、下級のお店者、人足等で、ショートタイム（ひと遊び）二十四文が最低だった。一文は穴あき銭《せん》で、明治時代には十枚で一銭。また、天保年間に刊行された寺門静軒の著「江戸繁昌記」には、本所の吉田町について次のような記述がある。

「本所の吉田坊なる者は、夜発の巣なり。粉粧晩を追いて四出《よつ》し（十時ごろから）色をひさぐ。初篇にいわゆる物あり人を呼ぶ。泣くがごとく訴うるがごとき者これなり。（要するに、チョイト、チョイトの変型なのである）且つその下の下なるの故をもっての故に老妓の流落悪疾を担う者、猶、故轍《こてつ》（昔通りの型）を守って、もって余生を送る。今は則ち必ずしも然らず。青年妙齢すこぶる姿色あるもの往々これあり。（中略）天に幕し、地に席し、木に倚《よ》って、廬（小屋）を作し、薦箔（すだれ）を懸け下して、わずかに傍観をさえぎる。（夜鷹の売淫状況である）他箔《かれ》に倚って（すだれの陰から）呼び喚びうるを求む。憐むべし、双袖霜を帯びる夜、人をして凄惻の情を動かさしむ。あわれむべし、粉面《おしろいがお》月に照らさるる時、他《かれ》みずから羞を含むの態を呈す」――。

まさに鬼気せまる情景といえよう。

本所吉田町の私娼（夜鷹）は酸鼻をきわめ、鼻欠け婆さんやカサ（梅毒）病みはザラで、爾来、小説、講談、芝居、映画等に、長くその醜名をさらしている。

たいてい暮れ方からゴザをかかえて、柳原や厩河岸《うまやがし》の土堤へ行き、春をひさいだ。たいがい三々五々、べちゃくちゃ、しゃべりながら、大挙して出かけるので、そのさまはまるで夜鳴きがらすの行列を思わせたといわれる。

柳原というのは神田堀の南側で、浅草橋から筋違《すじか》い橋まで約十町の土手がつづき、柳や雑木が植えられていた。堀の北側は直接家屋や倉庫が堀割に面していたので、稼ぎの場所は樹木や草、水等のある南側の土手で行った。

こちらは土手上や斜面、ときどき荷足船などの足場にする段々、その他橋下などへ、前記「江戸繁昌記」で寺門静軒が叙した、幕を張り、すだれを提げて、思い思いに見世の工夫を凝らし、身体を売るのである。水ぎわで用を足せる便利さがあり、何しろ雨天や雨模様の日以外ほとんど毎日のように来て営業する場所であるから、静軒が心配したほど特種な感情はなく、きわめて物馴れた調子であった。

稼ぎの土堤は浅草橋以西五〇〇メートル位の短かい距離に、百人ぐらい詰めかけていたらしい。かなりここも狭き門だったようだが、場所は各自大体きまっていたらしく、他人のショバを荒らすようなことはなかった。

吹流しにかむった手拭いの端を口にくわえ、裾を端折り、ゴザをかかえて、だれの眼にも一目でわかるおなじみのポーズである。稀には美人夜鷹の登場する場合もあるが、これは大体、お芝居や物語のサービスと心得て差し支えなさそうだ。鼻欠け婆さんでは絵にも話にもならないのである。

しかし、それでもなお且つ買い手がいて、営業が成り立つのであるから、人間、欲望の浅ましさには限界がないといえる。寺門静軒ではないが、あわれむべし、といいたいところだ。

寛政から天保に至るあいだの、江戸の世相変転の模様を書き留めた「寛政見聞記」

によれば、天保十三年（一八四二）三月十八日、深川六カ所、本所三カ所、其外悪場所ども三十カ所が、同年八月までに取り払いを命じられている。

本所御船蔵町を土俗あたけといって、ここにも切見世（チョンの間の店）があった。娼婦の衣裳もよく、言葉づかいもていねいで、一時はかなり繁昌したけれど、文化年中に悪疾を病む者が出て、内部から告発する紛争が起こり、絶えてしまった。ここは軒並み水茶屋で、この茶屋の後に「お旅」という五、六軒の娼家があったが、おそろしいものは同業者の嫉妬で、十年足らずで廃絶してしまった。

一つ目通り（隅田川寄り南北の道路）「弁天」さまの門前に、八郎兵衛屋敷という五軒ほどの娼家があり、ここは至って静かな遊びが多く、芸者も入らなかった。高笑いや大声を禁じ、手を叩いて仲居を呼ぶことも許されず、畳をたたいて呼んだ。この方法は戦後まで待合や芸者屋などにも多く使われていた。

子供（娼婦）屋は裏にあって、呼び出した。価、昼夜一両二分、一切《きり》（ショート）は一分（二十五銭）。値段の点は吉原の中見世なみである。家の構造は狭く、風流気があり、「弁天」の遊びはあくまで上品で静かだった。

その他、松井町（竪川べり南側）に五、六軒の娼家があり、娼婦はみな家付きの抱えで、たいがい一切の遊びが多く、値は一分乃至五、六百文。

この辺には引手茶屋が多く、お旅、弁天、松井町などへ女を送った。

同じく竪川べりの北岸入江町に、通称「鐘の下」といわれる娼家が四軒あり、子供は抱えで、価はやはり五、六百文。入江町には時鐘があるのでその名で呼ばれた。

なお、近辺の長崎町、吉田町の周辺に幾棟となく切見世があって、陸尺《ろくしゃく》長屋、半長屋など、いろいろの名がある。

子供という呼称は元来蔭間《かげま》のことを言ったのだが、ここでは転じて、売春芸者や抱えの女、すなわち私娼を指している。

松井町の娼家は内芸者だけで、この辺にある引手茶屋は遊廓などと違う一種の置屋で、娼婦を他へ送り出していた。

何しろ私娼は公娼とちがって、絶えず取締まりの目を盗んで営業するのであるから、方法もきわめて質素で、弦歌さんざめく吉原などの遊興とちがい、前記「寛政見聞記」にある通り、大声、高笑いする者もなく、ひっそりと商売を行ったらしい。時代の相違はあるが、この遊興方法は長く尾を曳《ひ》いて、その後、玉の井の私娼街にも及ぼすことになる。

「私はあの玉の井の草創期を知っている。白鬚橋を渡った吹きっさらしの田圃の中だった。釣堀が近くにあったので、鮒つりの人がよくその辺に行ったが、その外の人にはまるで縁のない土地だった。こんな土地で商売が出来るのかとおもわれたが、あの商売の客だけは、千里の道を遠しとせずにやってくるものなのだ」(「ぶらりひょうたん」高田保)

二階の部屋でうっかり酔客がさわいだりすると、路地を見張る刑事に、業者が小っぴどく叱られるのは毎度のことであった。始末書を取られる場合もある。静かに遊んで帰る。これが玉の井のいいところで、業者も客の振舞にはきわめて神経質であった。女が回しを取ったといってゴテる客には、きれいさっぱり金を返して追いはらうときもある。

これが吉原などの公娼相手になると、やり手や娼妓がなだめすかしてゴキゲンを取り結ぶのが一つの達引《たてひき》(意地を張ること)になっている。金を返すことは絶対になかった。いったん取った客はどんな理由があっても、そのまま帰さないのが、廓の沽券《こけん》でもあった。

大正末年から昭和初年にかけて、日に日に台頭してきた私娼は、芸妓や公娼の短所をついて、江戸時代とは格段の相違を見せ、経済的、簡易主義を旗印に、すばらしい進出ぶりを示した。

芸妓、公娼、私娼は、それぞれ経済生活が相違するが、ここでは主として玉の井における娼婦の生態を、大正十五年（一九二六）三月、寺島警察署（現向島署）が管内の私娼六五三人に対して、風俗史的に前身を調査したものから紹介してみよう。

この調査は当時の玉の井酌婦の生活事情を知る手がかりとして、貴重な資料とされている。それによると、飲食店女中が二二五名で第一位になり、次が一一一名農業、三位一〇二名女工、四位八三名料理店女中、以下、待合女中一六名、芸妓一六名、宿屋女中一三名、映画館案内、裁縫徒弟、事務員、髪結、看護婦（以下略）等の順になる。

料理店と飲食店の相違は、現代の眼から見るとあいまいな点があり、その性格はまぎらわしい場合も見受けられるが、当時は営業鑑札による明確な分類があった。但し、小料理屋はよほど特殊な名目でもないかぎり、料理店の部へは入らなかった。

他に、無職、その他と称する者が四五名あり、自らすすんでこの道を志望したことになる。これは公娼などに見られぬ現象であった。前借行為が絶対の基本条件になっている戦前の売春社会で、前借の必要がないというのはちょっと理解できない話だが、この中にはそれまで外部にいた業者の二号や情婦が、改めて「主人出方《あるじでかた》」として、客を取る者がいたものと考えられる。

その他、てっとりばやい金儲けの道として自発的に選んだものもいたのであろう。だが、これらの女の行末はたいがいコースがきまっていた。元より生娘などの前身はほとんどなく、大方の者は職業的遍歴で垢にまみれ、失恋などで身心共に疲れていた。性的な方面にも自信を有する熟練者があり、精神的にも社会制度の欠陥に反発を抱くなど、負けず嫌いな性格を持つ者が多かった。

しかし身体を粉にしてただ蟻のように貯蓄し、金が出来たが最後、地回りの情夫の食い物にされ、元のもくあみになるのがオチである。なかには業者がわざと女に情夫を押しつけ、身動きできぬようにするやり方もある。無事に金を作って堅実な結婚生活に入る女は、数えるほどしかなかった。

現代とちがい、金を貯めて、新商売の資金にするなどという余裕のある身分は皆無で、当時の狭い社会環境としては、四方八方から過去を白眼視され、生涯、苦の世界に追い込まれるのである。

「元トルコよ、元ソープよ」と、大きな顔でバーのマダムにおさまれる現代の売春社会後日譚とは、たいへんな相違だった。

年齢別は、一九歳が最高で九七名、二位が二〇歳七六名、三位二二歳七二名、四位一八歳五九名、最年少は一七歳で一九名、最年長は四〇歳一名、三八歳五名となる。（いずれも数え歳による）

この売春年齢はいつの時代にも共通し、売れっ子はやはり、一番ピチピチした年代である点に変わりはない。

出身地は一三〇名で東京がトップ、次に千葉六七、埼玉五五、茨城四七、と周辺地にひろがり、遠隔地へ行くに従い少なくなっている。この時代にはちょうど銀行にモラトリアム騒ぎなどがあって、日本は不景気のどん底にあった。なお、福島三五、秋田二八、山形一二、と意外に東北地帯が少なかったのは、長年の伝統として多く公娼方面へ送られたものと見るべきだろう。

つぎに私娼二五〇名に対する教育程度を見ると、尋常小学校卒業が九五名と最も多く、つづいて尋常三、四年修了五二名、未就学三六名、尋常一、二年二二名となっている。この教育程度にあらわれた悲惨な実状は、現代から見るとまるで夢のような隔りがある。二五〇名というのは、玉の井私娼全体の数ではなく、なかには多数の者がそういう調査の回答を避けて、無回答であったにちがいない。

未就学に至っては唖然とするばかりだが、義務教育制度は布かれていても、戦前の貧農社会ではきわめてありふれたことだった。戦後の売春社会（後述）に女子大生がワンサと押しかけたのも皮肉である。

私娼になった原因を調べてみると、貧困が圧倒的に多く（１０５）父母兄弟の病気のため（45）借金整理（20）誘拐されて（14）自己生活のため（47）家庭不和（８）弟妹の教育（８）夫の病気治療（２）等になり、大半が経済的理由によっている。女の身体は歴史を通じて、金銭と等価値に置かれたものらしい。病気治療、借金整理、弟妹教育、夫の病気のため等、結局は悉くが貧困に原因することは言うまでもない。

しかし、こうした問題を突きつめて考えてみると、大半が個人よりむしろ政治力の貧困に由来することもうなずける。普通選挙（昭和三年）以前の、少数政治家による日本の社会が、いかに弱肉強食的であったか、思い当たるのである。日本は結局敗戦によって民主主義を取り入れ、国家的にも立ち直ったわけで、売春防止法の施行もその一翼を荷なうことになるが、この法律が果たして今後どのように発展するかは、現状から見て予測できない。

戦後の玉の井の女の話などをきくと、売防法のできるまでの生活が一番よかったと口を揃えて言った。

売防法実施後も（昭和三十三年三月三十一日以降）つい昨今まで本番演技、トルコ風呂、出張売春など、堂々と法を無視した営業がつづけられ、さらに六十年二月十三日には、追いかけるように新風俗営業法によって、一切の売春類似行為が禁じられたにもかかわらず、やはり到る処で、それが行なわれている現状である。

警察庁でまとめた「風俗環境の実態」によると、売春が増勢をつづけ、素人によるサイドビジネスの風潮が出てきており、デートクラブ、愛人バンクなどを隠れみのにした売春行為は、六十年十月現在で九三二九件摘発され、三年連続の増勢となり、年間では一万一〇〇〇件を超えると、同庁は推計しているそうだ。

こうなると、もう一度売防法制定の原点に帰って、「文明国にはない」という法律の制定理由も、単なる体面的な見せかけにしかならなくなり、再考を要することになる。悪習を打破するのが法律の力であるにしても、意識感覚の対象以外に判断する理由が困難になってきては、困るのである。

話が外れた。前に戻る。

異色なのは昭和元年（一九二六）の調査で「一人も娼婦のいない店」というのが、五九八名の私娼中、一〇一名も調査表に現われたことで、これは結局「主人兼私娼」の自営自娼である。そしてこれが昭和十五年の調査によると、私娼八六〇名中、主人兼私娼の自己営業者が一三五名と著しく膨張していることであった。これは戦前戦後に区別するまでもなく、娼婦兼自己営業者が異常に増加したことを示すもので、結局それだけ娼婦の生活が楽になったと見るべきであろう。

私娼数と軒数調査は、警察と銘酒屋組合の両者並行で行う場合が多いが、娼家数と私娼数の食い違いが生ずるのが常例で、七不思議みたいなものになっている。

昭和四、五年以来、一軒に二人以上の娼婦を置かないのが、組合の規約になっていたが、実際調査の場合、かならずしもその通りの数字に現われない微妙な食い違いはしばしばだった。いかに玉の井に数多くの娼家が存在するとはいえ、正確な軒数や人数が表に現われないとは、よくよく不思議な現象である。これもラビラント（迷路）の持つ魔法のせいか。

私娼の遊興形態には「チョンノマ」「時間遊び」「泊まり」の三種類があることは、

これまでにも書いた。なかでもっとも大衆に親しまれているのが「チョンノマ」すなわち「チョン」であることは、江戸時代以来この種の切見世や、このほう専門に近い、貧しい私娼窟が多いことによってもうなずかれる。

時間遊びが正味一時間ではなく、大体三、四十分の遊興であることも、また「泊まり」が引け（十二時）過ぎから朝までに及ぶことも、すでに説明した。そして、この時間による遊興形態は、江戸時代から明治大正を通じて、公私娼の別なくほとんど変わらないのである。

遊興にはどの場合にも「オブ代」と称するものが加算されるが、この茶代は女の収入に関係なく、娼家の取り分になる。さらに古くから伝わっている業者仲間の言葉に「ジンダイ」というのがあり、これは客の人柄を判断して値段をつける、一種のお見受け料であったが、いつの時代か廃語になってしまった。「人代」の意味だろうという。余り立派な服装をするとカモにされたわけだが、その程度の出銭は承知なのも客の見栄であった。

娼婦たちは一カ月に二日乃至五日くらい休業する。たいがいは任意休暇。従って、一カ月を二五日と仮定し、泊まり客を二五人、「チョン」を五〇人、合計七五人とすると、「チョン」から一人平均二円、「泊まり」から平均四円を、娼家から強制されていたとみて、大ざっぱな計算をすると、その月収は「チョン」が一〇〇円、「泊まり」が一〇〇円、合計稼ぎ高の月平均は二〇〇円となる。

そこで抱え主との契約が四六《しろく》であれば、抱え主が一二〇円、出方（私娼）が八〇円の収入となる。但し前借なしの「分け」の場合は、双方一〇〇円ずつとなる計算である。食事は原則として業者持ちであった。

しかしこうした接客状況は、玉の井等東京私娼窟の一種の標準例で、実際には多少の相違が伴うのが常識であった。そういう場合、つねに何かと酷遇を受けるのは、弱い立場にある娼婦側であるといえよう。玉帳による抱え主と娼婦とのイザコザは日常茶飯事で、たしなみのよい娼婦は自分で玉帳に記入し、また控えのメモを所蔵していたが、それはそれなりに嫌われる率が多かったともいえる。

借金の問題もそれに附随し、荷風の日記にもお雪のモデルらしい女が抱え主とけんかして、家を出るのどうのと騒ぐ個所があることは既報の通りである。しかし、うっかり出ようものなら、借金がさらにふくらむのもこの社会の例だから、それも出来ない。いずれにしても弱い立場にあるのは、この社会の女であった。

「人生劇場・残俠篇」で、青成瓢吉《あおなりひょうきち》の恋人お袖と、飛車角の情婦おとよを玉の井に登場させた尾崎士郎は、この街について左のような感想を述べている。

「陰惨な、暗い、絶望と宿命の折りかさなっているような、侘びしい土地ではあったが、それでいて、吉原などのような伝統と型にはまった感じはなく、むしろ一種独特な自由で明るい空気は、その日ぐらしを通して潑剌たる新鮮さにみちていた。――時代の相違ともいえるが此処では瞬間があって永遠がない。だからこそそれぞれの時間が一つ一つの永遠を表象しているともいえる」

主役は東武電車／太宰治と菊谷栄のこと

玉の井と関係の深い乗物、及び、今は亡い菊谷栄《きくやさかえ》、太宰治のことについてすこし述べてみよう。

浅草方面から利用される乗物は、主として東武電車か、市営、京成バス、もしくは京成電車であった。円タクを利用する人間もかなりいたが、一人で来るなら三十銭取られる。電車かバス（当時は乗合自動車）なら六銭か七銭で足りた。

中でもっとも利用率の高かったのが、浅草松屋を始発とする東武電車だ。しかし、東武鉄道が浅草松屋（雷門駅と言った）を起点としたのは、昭和六年（一九三一）三月からで、それまでは一つ先の本所業平橋を浅草駅と称して上毛地方と結んでいた。前に「いやな感じ」でちょっと紹介した、老ぼれの喘息病《ぜんそくや》みみたいな、煙突のひょろ長い機関車が、白い煙を吐いて玉の井の改正道路を横断したというのは、この東武伊勢崎線がまだ業平橋駅を起点にしていた時代の描写である。

明治三十年（一八九七）東京と上毛地方を結ぶ運輸機関として設立された東武鉄道は、当初、農村地方を相手の微々たる交通機関にすぎなかったが、大正十二年（一九二三）の関東大震災を契機に、都心人口の郊外移住で、急速に発展した。

そして、大正十三年浅草駅（当時の業平橋駅）―西新井間の電化完成後まもなく、都心への乗入れを市へ申請し、昭和六年三月十二日、隅田川をまたいで業平橋―雷門間、一・二キロの高架線完成を見たのである。これが現在浅草松屋デパートから出ている線。

雷門―玉の井間は片道六銭で、夜間は乗客の八〇％が玉の井駅で下車してしまい、あとはほとんど空車同然だったといわれる。乗客は料金が同じなので、カムフラージュ用に一つ先の鐘ヶ淵まで切符を求める者が多かった。荷風なども玉の井通いによくこの線を利用したようだ。

「荷風の墨東通いはおもに東武電車によった。蒸し暑い盛夏の候など、涼を求めて白鬚や言問を渡ることはあっても、自動車に乗ることはほとんどなかった。寒月の

東武線玉ノ井駅（昭和32年）　玉の井通いに最も利用されたのが東武電車。雷門―玉ノ井間は片道6銭。夜間の乗客の80%が玉の井駅で下車、あとは空車同然だったという。

皎々と冴えわたる夜、血気さかんな若者を引具して、筑波おろしのまともに吹きつける玉の井駅に降りたったことも、いまはなつかしい思い出の一つであろう。若者は多くオペラ館の俳優たちで、川公一、岸田一夫、堺駿二、石田清、生田一馬などである。寺島町三丁目に九州亭という洋食屋があって、よく立寄った。そして若者を順々に馴染みの女のもとに送り届け、最後に翁一人が残るのである。東武の終電が発車するころから、改正道路をこの里めがけて円タクが密集する。そんな時刻でないと、めったに荷風は自動車を呼ばなかった」（「荷風外伝」猪場毅）

バスは旧雷門郵便局（現在の浅草プラザホテル）前から、向島の土手まわりで、大倉別邸、地蔵坂をすぎ、白鬚橋のたもとを右折して大正道路を通り、玉の井七丁目の車庫に入る黄色い京成バス。料金は六銭。もう一つは藍色の市営バスで、同じく雷門から源森橋を左へ、水戸街道、改正道路を通って、寺島六丁目終点まで行くコース。この方は七銭。

なお他に、荷風作品——「濹東綺譚」にも登場する京成電車がある（既述）。本所押上《おしあげ》を始発駅とし、向島駅から成田方面へ行く本線と分かれて、長浦、玉の井を通り、白鬚までわずか一・四キロの距離を走った支線で、昭和三年（一九二八）に開通したが、利用者があまりに少ないため、わずか八年足らずで同十一年二月、ついに廃線になった短命路線である。

したがって、「濹東綺譚」にも描写されてある通り、荷風が玉の井通いに本腰を入れはじめた十一年四月ごろから、執筆の秋ごろまでは、まだこの界隈には廃線名残りの線路跡や、駅舎の廃材などがゴロゴロしていたわけであった。短命ではあったが、荷風文学によって、この支線は永久に玉の井の名と共に残ったのである。料金は大人五銭、小人二銭。

私はこの京成線路跡をたずねて玉の井の街を歩きまわったが、土地の人でもほとんど知る者がなく、町会長松永嘉郎氏の案内でようやく知ることを得た。

現在の東向島五丁目一五、ローヤル飲料会社と、隣家のクリーニング屋の中間を走ったものらしいが、店舗や住宅が密集し、線路跡らしい形跡はみじんもと言っていいほど残っていなかった。わずかにローヤル飲料会社前の道路が、一〇センチほど盛り上がっているのが、かつての軌道跡らしい名残りをとどめているといえる。

玉の井駅は夜七時から十一時ごろまでがピークで、それ以外の時間は閑散としていた。むろん改札口は一カ所しかない。しかも駅前の交番にはデンと巡査が控えて、まるで犯罪人を見るような眼で、降客をにらみつけるのがここの特徴であった。

当時流行した映画「極楽コンビ」のスタン・ローレルに似た花王石鹼型容貌のその男は、一度ここの巡査につかまって、脚本の材料にしたいと思い、わざと怖い顔をしてみせたのだが、ついに念願の取り調べに会う機会を得なかった。彼の顔はあまりに善良型で、どこから見ても犯罪人には見えなかったのである。

スタン・ローレルに似た男、浅草エノケン一座の文芸部長、菊谷栄はよく玉の井で流連《いつづけ》をした。べつに交番の前を通るのが腹に据えかねて流連をしたわけではなく、娼家になじみがいたからである。彼女は経営者であると同時に自身も店へ出て客を取る、いわゆる「主人出方《あるじでかた》」と称する自娼自営であった。

菊谷の流連は決して一般人のように単なる遊興が目的ではなく、娼家が同時に仕事場を兼ねていた。彼はここでたいがい構想を立てた。荷風などと違って、材料はすべてエノケンを中心にした喜劇であり、玉の井の娼家そのものを題材にしたことはなかった。女付き、食事つきで仕事場を兼ねたのだから、まるでわが家みたいなものだった。

た。

菊谷栄（本名、栄蔵）は明治三十五年（一九〇二）青森県津軽郡油川町に生まれ、青森中学を経て上京後は川端画塾で絵の勉強をしたり、日大芸術学部に学んだりした。画家志望の青年がすんなり楽に暮らせる時代ではなかったから、一時は食うや食わずの放浪生活をしたらしいが、根っからのカジノフォーリーファンであるところから、ついにやみつきになり、プロを志して浅草玉木座の脚本部兼舞台装置部へ入座した。

エノケンを中心とした玉木座に、木村時子らの歌劇人が合流、サトウハチローを文芸部長に、プペダンサント（踊る人形）劇団と称した時代である。玉木座というのは伝法院裏通りにあった劇場で、開館当初は安来節専門だったが、エノケンが半年ほどここに立てこもるようになってからは、カジノと共にプペの名を一躍レビュー史に残した記念すべき建物になった。惑星の女王として有名だった江川蘭子などもこの時代の出身である。

さて、菊谷はこの玉木座で津軽人独特のネバリ強さと、元来が好きなレビューであるところから、めきめき頭角を現わし、サトウハチローの高弟である菊田一夫と実力を争うほどの作者になった。

だが、当時の菊田がいわゆるアチャラカといわれるどんでん返し専門の、ナンセンス劇を売物にしていたのと反対に、元来が絵画畑で育った菊谷は、あくまでも絵画的手法で芝居づくりをして行き、つねに対蹠的立場を維持した。そして昭和六年（一九三一）十二月、エノケンが玉木座を離れ、ピエール・ブリアント（輝く宝石）の劇団名で独立し、新たに一座を組織してオペラ館で旗挙げ興行をする際に、請われて文芸部長の要職に就いた。

何しろ当時の浅草レビュー興行は、ほとんど毎回十日替わりの忙しさだったから、責任者の文芸部長としては、絶対に脚本を間に合わせなければならず、その忙しさは眼がまわるほどだった。菊谷が玉の井の娼家に流連して脚本執筆に当たったのもこの時期である。

「主人出方」の娼婦が同郷であるところから、菊谷は大いに歓待され、独身であるのを幸い、ここでもっぱら書きまくった。エノケン夫人の花島喜世子を主演に、アル・カポネを女にもじった「アンナ・カポーネ」を書いたり、「研辰の討たれ」を書いたり、日本ミュージカルの草分けとなった「リオ・リタ」の構想も、この娼家で立てられたほどだった。

ここにもう一人、この娼家に出入りして、ときどき忙しい菊谷の手助けなどをした青年がいた。青森中学の後輩で、菊谷はよく、

「チスマ君！」

と、おくに言葉丸出しで呼んでは、劇場との脚本連絡に当たってもらっていた。

現今のようには電話の普及していなかった時代なので、娼家などにむろん電話の設備はなく、些末な用件でも悉く口頭で用を足さなければならない。菊谷にとってこのチスマ君は重宝な存在だった。女将を交え、三人で朝めしを取っている図は、津軽弁が自由に飛び交い、まことにたのしい雰囲気だった。

このチスマ君という青年はちょっと変わっていて、常に着流しの角帯で、きちんと足袋をはき、行儀がよかった。眼鼻立ちの整ったのっぺりした顔で、若者に似合わずきわめておとなしい。言葉数も多いほうではなかった。

この若者こそ太宰治の東大在学中の一時期で、まだ本物の作家になる前の本名津島修治は、ほとんど学校へ出なかった。

前年の昭和五年十一月末、銀座のカフェー・ホリウッドの女給と鎌倉「七里ケ浜」で心中を図って、女性だけが死んだ事件があり、売名の偽装心中として世間から非難

を浴びていた時期である。

相手は女給で人妻とはいうものの、まだ数え歳十八にしかならぬうら若い女性で、出稼ぎのため新劇志望の貧乏亭主を故郷の広島へ置いて上京後、わずか三カ月にしかならず、その死に方も海中への投身ではなく、岩の上でカルモチンを飲んだという方法に、いろいろ疑いの眼をかけられたらしい。

太宰は不眠症のため高校時代からカルモチンを常用していて、しかもそれが致死量に満たなかったというのも疑いの原因であった。自殺幇助《ほうじょ》などの疑いで警察へ拘引され、大分油をしぼられたが、多額納税者で貴族院議員の長兄が青森から上京して金で始末をつけたという。

いくら女性関係の多い太宰でも、さすがに一人生き残った精神的後遺症で、玉の井へ足を運んでいた時期は元気もなかったのであろう。菊谷はそうした太宰をはげまし、また労をねぎらうために、彼をよく東武電車で浅草雷門の神谷《かみや》バーへ誘い、電気ブランをご馳走した。

太宰は一時オペラ館の楽屋でも踊り子たちのあいだで評判になり、

「あの人、誰だ、誰だ」

などとさわがれた。まだ荷風などが出入りする前の時期である。

そのためエノケンは三角部屋の狭い座長室に太宰を呼んで、作者兼俳優として入座を懇請したが、彼は応じなかったという。エノケンは菊谷に聞いただけで、実際は太宰の著作など読んだこともなかった。

玉の井にはほんのわずかな期間しか、菊谷の下宿兼娼家に出入りしなかったが、ここでも近隣の窓の中の女から騒がれたようで、スタン・ローレルこと菊谷栄の株も多少上がったらしい。しかし菊谷は郷里の学校の後輩という以外に、他のことは一切しゃべらなかった。後から考えると、太宰の短い生涯を予見する女の事件が、こんな些細な出来事にもあらわれていたことになる。

「人間失格」が主として昭和六、七年ごろを題材に書いた作品であることは人の知る通りで、この中にはしばしば玉の井も登場するが、彼の微細な行動については筆者も詳かにしない。

太宰の研究家は多いが、彼がわずかな時期、菊谷栄のアシスタントみたいなことをして、玉の井から浅草オペラ館の楽屋へ脚本連絡に出かけていたことは、あまり知られていないようだ。当時、玉木座プペダンサントの文芸部にいた平川明（後年、菊田一夫秘書）は、往時をこう語っている。

「ぼくは菊谷栄さんに可愛がられて、ときどき玉の井の家にも行ったことがある。そのとき、のっぺりした若い男がいて、キザなやつだなと思ったが、その男が太宰治だということを知ったのは、ずっと後になってからである。しかし、おとなしそうな男だったし、小粋な服装に似合わぬインテリ型だったので、脚本作家志望者ぐらいにしか考えていなかった」

あいにく、一番手っ取り早い確実な証明者である筈の菊谷栄が、昭和十二年（一九三七）十一月、日華事変の上海戦線で戦死してしまったので、この隠れた太宰の行動に関しては、なお深く真相を突き止め得ない。太宰文学のためにも惜しまれる。

太宰がパビナール中毒で東京武蔵野病院精神科に入院したのは、ずっと後の昭和十一年で、当時の主治医中野医師によると、十円やるから鉄格子から出してくれと言ったそうだ。が、太宰は金があるときはあるが、無いときはカラッケツで、しかもそれを少しも気にかけず、坊ちゃん育ちそのままに鷹揚な振舞を見せていたといわれる。大酒家でもあり、神谷バーの電気ブランを太宰に教えた菊谷は、その飲みっぷりを見て大分後悔したらしい。ちなみに、菊谷は太宰より七歳年長であった。

菊谷は人柄もよく、人情味のある男で、もしこの人が生きていたら、菊田一夫と共に戦後の軽演劇界を左右する人物になっていたろうといわれ、深くその死を惜しまれている。

「喜劇界に新生面を拓いた後、思い残すことはない」

というのが、勇躍召集に応じた彼の最後の言葉であった。そして言葉通り、上海戦線の露と消えた。

玉の井駅前の交番は昭和二十年三月十日の戦災で消え、菊谷と太宰がわずかながら生活を共にした旧寺島町七丁目、横田某女の家も戦火で消失して以来、消息を断っている。

エノケンと花電車／誰も知らない小林多喜二

浅草の芸術家たちは青春のはけ口をよく玉の井に求めた。吉原なら徒歩で行けるし、女の数も多かったが、公娼にはどうしても組織の中の堅苦しさがあり、ここのほうが万事手軽である。

それに、玉の井にはまだ好事家の視覚をたのしませるお座敷芸があった。現代ではほとんど死語同様になり、特別な客にしか見せなくなった、いわゆる「花電車」である。

浅草玉木座時代のエノケンや藤原釜足（当時秀臣）は、七丁目二部の米屋と氷屋の路地を入った桑原という家へ、劇場の都合を見てはよく通った。ここのチエ子が花電車だったのだ。

昭和五、六年頃、三人一組で見学料五円、大体ショート一人分の料金と一致した。玉の井にはまだチエ子の他に、花電車と称する女が六、七人いたが、だからといって誰にでも見せるわけではなかった。

「予約しておかなければ簡単にはやらなかったね。それに、先方は客種をえらぶ。生半可な若造には金を出しても見せなかったものだ。その点、いまのヌードショーと違い、一種の気質《かたぎ》みたいなものを持っていたんじゃないかな」（藤原釜足）

花電車という語義がいつごろ発生したものかは詳かにしないが、『広辞苑』によると、元来この言葉の意味は深海に生息するうみうしという珍しい軟体動物からきたもので、形態は長卵形、長さ約一〇センチ、貝殻はなく、生時は美しい色彩を有し、花電車のような観があるといわれる。

但し、人間花電車が、はたしてこのような美しい形状色彩であったかどうかは、私も保証し得ない。

家によっては、二枚折金屏風をうしろに、長襦袢一枚の女が、毛布を重ねた座卓の上に乗り、口三味線で拍子を取りながら、秘戯を公開する。客の希望によっては酒をつけながら見せる場合もある。

演出レパートリイには、吸口付きのたばこ朝日を花唇にくわえ、火をつけて脇から煙を出し、

「一服いかが？」

などと、その煙草を客にすすめるタバコ芸から、ゆで玉子を奥深くへ入れ、臍下丹《せいかたん》田《でん》に力をこめて、

「エイッ！」と、はき出し、

「坊やのおみや！　これを食べると長生きするよ」

と見物にすすめるもの。

一銭銅貨を五、六枚、花のゲートに詰めこみ、ポイポイと一枚ずつ吐き出すもの。その他、バナナを「エイッ、エイッ！」と適当な長さに切って、皿に載せて出す。「さァさァ、玉の井名物精力剤。これを食べると精がつくよ」

圧巻は、筆先にたっぷり墨汁を浸みこませ、字を書く。文字にいわく、

「忠孝」

このご親筆は帰りのみやげに希望者に進呈した。

今日のように全ストの本番演技（六十年二月施行の新風営法以来、表面上は消えて

いる）が、堂々と観衆の面前で行われる時代から見れば、他愛ない見世物にすぎぬが、ただ生まれながらの肉体を露呈して演技をするヌードショーと違って、血のにじむような年季修行を必要としなければならず、一朝一夕にはできない芸であった。

現代のヌードショーには、種々のサービスが附随し、ポラロイドカメラで写させる者、ワインを一口飲ませてから行う手コギ、拡大レンズで覗かせる者、その他二本の指で内部を開陳に及ぶなど、ヌーディスト本人によってサービスの種類も多様化されているが、これは決して芸ではなく、どんな素人にでもその気になればできることなのである。

エノケンはアル中でインポになり、そのほうがまったく不能だったらしく、ときどき花電車などを起爆剤にしていたようだが、成果が上がったかどうかはわからない。

私が最初にエノケンに会ったのは、昭和五年（一九三〇）ごろ、水族館カジノフォーリーに公演中で、「浅草紅団」で一躍名前が売れ出した時期だった。そのときはまだ、筒袖の紺ガスリを着た、なんとなく苦学生じみた感じで、熱っぽくレビューの将来を語り、東本願寺裏の豆腐屋の二階に間借りしていると言った。

彼が本当に大物になったのは、昭和七年三月、新劇の千田是也がドイツから帰朝、

第一回公演に「三文オペラ」を新宿新歌舞伎座で上演した際、浅草オペラ館から応援にかけつけ、わずか牧師の一役しかやらなかったが、例のへっぴり腰で片手を上げ、黒の僧服で花道から登場したとき、満員の客席は思わず総立ちになったほどだった。

エノケンの芝居を山ノ手方面の客はまだ一度も見たことがなかったらしく、その情景は、まさに空前にして絶後といえるほど、壮観そのものであった。このときの出演を契機に松竹に抜かれ、その後は東宝の舞台に、映画に、押しも押されもせぬ天下の喜劇俳優になったわけである。

しかし家庭面では恵まれなかったようで、生活が大きくなればなるにつれ、アル中の頻度も昔の玉木座時代とは格段の相違を示し、カジノ時代に結婚した夫人の花島喜世子から、

「あたしを取るか、お酒を取るか。どっちかにきめなければ破滅する」

などと強硬に発言された。

彼女自身も反発から某宗教に凝ったりして、後年ついに離婚にまで至ってしまったところを見ると、やはり酒は止められなかったものとみえる。

女優の花島夫人と別れてから、元新橋で左褄を取っていた二度目の夫人を迎えたが、

脱疽《だっそ》にかかって右足を失い、晩年は悲惨な身体で舞台に立っていたのは周知の通り。

「エノケンの場合、アル中が彼自身の生涯を決定的に破滅に導いたとも言えそうだ。特異な持味と柄で、金竜館のオペラ・ボーイを振り出しに、カジノ・フォーリー、観音劇場、玉木座、オペラ館と、トントン拍子に、一時は日本の喜劇王にまでのし上がったが、慢心と酒が昂じてついに自ら破局を招いた」（元笑の王国文芸部長、山下三郎）

尺八をスモーキングといい、賑《にぎわい》本通り附近に、花子、幸枝、なな子等、五円でそのほう専門の女もいた。

自分も舌を用い、相手にも舌をつけさせる女もいたが、追々、閨房の秘戯に巧みな女も少なくなり、花電車という言葉も通じないようになった。老人が少なく、青二才の会社員や職工が多くなったためだろう、と荷風はこの現象を嘆いている。

無毛症の女も玉の井にはかなりいたようである。かわらけ、パイパン、お豆腐、などといって、無毛に関しては各自の趣味があり、中には嫌う者もあって、女自身はこれを売物にすることはなかった。知らんふりして二階へ上げ、いざその場に及んで白状する女もあれば、巧みにかもじでカムフラージュするものもある。若い客ならこの程度のごま化しで、結構目的を達せた。

　それに反し、無毛症に当たると福運が授かるという伝説に従い、その種の女を探し求めるものもあった。一口に無毛といっても、中には頑固な昆虫害治療の予後で、人為的にそういう状態になっている場合もあるから、一概には信じられない。

「見せてみろ」

「上がれば見せるわよ」

　こういう客はしつこいので、女はムキになって抗弁することもあるが、この種の女は劣等感のためか、客を呼ぶにも多少の陰りを引いていたようである。

　玉の井には佐野松之助とよばれる有名なかもじ屋があり、この人は娼婦の写真を専門に撮る写真師北爪末吉と並んで、組合役員を兼ね、玉の井の名士であった。写真は替え玉を使わせないように、娼婦は契約と同時にかならず撮らされたのである。公娼のように外部へは出さなかったが、一種の身分証明であった。

　昭和十年ごろ、白系ロシアの女が二人ほどいるという評判が立ったけれど、実物は一度も見たことがない。私の見たのは、まぎれもないニセ者で、髪を茶色に染め、青《せい》黛《たい》のアイシャドウをつけ、セーターの胸をふくらませていたものの、一見して本物でないことがわかったので、声もかけなかった。

妙なアクセントの日本語と、しどろもどろの英語をちゃんぽんに使って話しかけるのが、かえって馬脚を現し、なんともいえないご愛嬌だった。しかし、稀少価値のせいか値段はいくぶん高かったようである。

エノケンや藤原釜足がなじんだチエ子という花電車に関しては、まだエピソードがある。

チエ子は二十四、五の一見おとなしそうな小太りの女で、性質も律儀だったと見え、日頃ひいきにしてもらう返礼に、ある日、稲荷ずしを手みやげに、玉木座の楽屋を訪問した。

これにはふだん心臓の強い釜足も大いにあわてた。エノケンは部屋が違っていたが、裏側二階の釜足のほうは、狭い楽屋なので逃げかくれもできない。好意を感謝して適当にきげんを取り、ご退散をねがうより仕方がなかった。

ところがこの時、楽屋訪問客の中に、もう一人、花電車とは別口の男性訪問者がいた。

よれよれの服を着て不精ひげを生やし、見るからにみすぼらしい鉄ぶちメガネの、顔色の冴えぬ小男である。この男は一座の幹部俳優大友壮之介を訪ねてきた友人なのだが、楽屋が釜足と合部屋だったので、やむを得ずその場にいたものの、華やかな相客の花電車などには眼もくれず、終始黙々としていた。

この男一人のために一座の空気は何となく気づまりになってしまったが、この男がどういう人物であるかは、大友を除いてだれひとり知る者がなかった。が、大友はべつに紹介しようともしなかった。

そこへもう一人別口の訪問者があった。藤原は取りつぎの楽屋番から名刺を受け取ると、

「あ、象潟《きさかた》署（現浅草署）の――」

と、何気なく一言洩らしたのだが、その一語は思いがけず、玉木座の楽屋はじまって以来の大騒動になった。

大友を訪ねてきた無口の男は、その言葉を聞くや否や、いきなりレインコートの内かくしに忍ばせていたゴム裏草履を取り出し、楽屋廊下の窓ガラスをはね上げて、いったん外へ降りかけ、足が届かぬと見るや、こんどは三階奥の女優部屋へかけ込み、

また戻ってきて、一語も発せず元の楽屋口へ降りていった。それから先のことは誰も知らない。

脱兎のごときその素早さ。楽屋の俳優たちはあっけに取られた。まさに俳優以上の名演技である。

「スリかな」

一同は不審げに大友の顔を見たが、大友は依然むっつりと押しだまったままだった。だが、もう一人の来客である花電車チエ子のほうも少なからず狼狽《ろうばい》した。彼女は連鎖心理に釣られてオロオロと逃げ場を探したのだが、せまい玉木座の二階楽屋からは、あいにく三階へ行く一方通路しかない。

当時、玉の井の娼婦は吉原の公娼などに比較すると、はるかに行動は自由に近かったものの、それにしても外の土地で娼婦が一人歩きするところなどを発見されると、意地のわるい刑事なら有無を言わせず拘引する場合があった。「密淫」の嫌疑を受けるのである。まして花電車は「局芸」の持主である。格の上からも普通の娼婦とはちがっていた。

しかし、もっと驚いたのは象潟署刑事の来訪を受けた当の藤原釜足自身なのだ。う

っかり名刺を見て、

「キサカタ署の――」

と一言口に出したのが、このような大騒動の種を蒔いてしまったわけだが、じつは手入れでもなんでもなく、この刑事は古くからの釜足ファンで、その日も何気なくぶらりと玉木座の楽屋を訪問しただけなのだった。

いかにも刑事らしいタイプのちょび髭を生やした丸顔の男で、彼はいまし方楽屋内に大騒動のあったことなどつゆ知らず、部屋へ通されると、同席の花電車などにも愛想のよい笑顔を見せていた。

大友壮之介はその後もついにこの不思議なレインコートの男については、頑強にねばり通して口を開かなかった。彼がやっとその男のことを語ったのは、昭和八年（一九三三）二月二十日、男が築地警察で拷問による虐殺を受けてからであった。

「蟹工船」の作者、小林多喜二だったのである。

年譜によると「不在地主」の発表が直接の理由になって、それまで勤務していた北海道拓殖銀行小樽支店を追われた多喜二は、昭和五年三月末、小樽から東京に移り、同年六月下旬、関西地方の戦旗防衛講演会から帰京後まもなく、治安維持法により逮捕起訴され、豊多摩刑務所に収監された。その間の出来事らしい。

大友壮之介は小林多喜二らと同一グループの演劇、文学、美術、音楽等の諸芸術団体を統合したコップ（日本プロレタリア文化聯盟）で、「文化サークル」の一員であった。

小林多喜二が何の目的で玉木座の楽屋に大友を訪ずれたのか、その理由は大友自身にもわからなかった。べつに連絡事項などという差し迫った用件もなかったし、おそらく、ふらっと興行物の幟のはためく浅草六区を歩き、華やかなレビュー小屋の雰囲気に浸りたくなったためだろうと思われる。

人間の一生にはさまざまな奇縁が存在する。それはまるで乗物に乗り合わせた者同士のようだと言われるが、この場合、奇縁というには余りに造化の神のいたずらが過ぎるようだ。

虐殺の運命に会うものと、淫靡な快楽に耽る者が、偶然場所を同じくし、永劫に相会うことなく別れたのである。華やかなレビュー劇場の楽屋裏風景にしては皮肉すぎる。

玉の井名物、交番　風呂屋　お稲荷さん

既に述べたように、大正十二年の関東大震災で、浅草十二階下娼家群の大量移入により、急速に人口が膨張した玉の井の街は、一種の植民地的性格を形成し、商行為の多くが娼家を中心に活動するようになった。

そのためか、同じ下町でもこの辺は川向こうの下谷浅草等に比し、商人の気風にも多少荒っぽいところがあって、他の土地では見られぬ金玉堂とか万古屋、チンチン亭など、あやしげな店名も横行した。子供たちへの影響より娼家第一主義だった。

さらにこの土地に多いのは、お稲荷さんに風呂屋に交番、薬屋、ふとん屋等で、これらはいずれも需給の原理に基づいて発生したものだろうが、交番というのはやや異色である。

東武線玉の井駅前、俗に言う駅前交番。寺島七丁目（現在のいろは通りと鐘ヶ淵通りの交叉点南側）。もう一つは改正道路の西側。玉の井にはこの三カ所に交番があった。同じ遊里にしても吉原や洲崎などの遊廓に比較すると、面積に比較して数が多い。しかし玉の井は遊廓とちがって、非許可地との明確な境界がなく、娼家への通路は四通八達し、遊客はどこからも自由に出入できたので、防犯上それなりに必要だったのかもしれない。

念のため一言すると、女郎という名称は一般的集娼用語として使用される例が多いが、玉の井は十二階下の伝統を引く「銘酒屋」街であって、「遊廓」ではなく、従って女は酌婦もしくは私娼、淫売、白首であり、女郎とは言わなかったように思う。娼婦という言葉も実際は明治時代に西欧文学から移入された名称で、外国ではもっと広義に使用され、素人女も含まれていたようだ。

「売春婦異名考」中村三郎の説によると、女郎は往昔、売春婦の総称であって、その名称は職業的に分類されていた。一例をあげるなら、

宗教名称（比丘尼、天神、巫女その他）

文学的名称（傾城、遊君、花魁、太夫等）

職場名称（湯女、饅頭、飯盛、陣屋）等。

その他、時代、地方を通じて名称は転移し、その呼称は飛鳥時代より現代に至るまで、公私娼をまぜて、およそ三百数十種にも達するのではなかろうかといわれる。関西地方では私娼街も廓の呼称が使われていたようだが、筆者の時代（昭和十年前後以降）東京では公私娼に対する遊里の呼称は厳然と区別されていた。女郎という呼び名は遊廓、宿場等、貸座敷営業法による娼妓にかぎられていたのである。

それはさて置き、交番の中でもっとも目立ったのは、前にも述べたことのある東武線玉の井駅前であった。何しろ玉の井客の大半は、雷門からこの電車で運ばれ、乗客の八割はここで下車するのだから、巡査が眼を光らせるのも当然であろう。この交番の巡査は机に向かって執務中でも、降客があると、ツと立って入口に仁王立ちになり、客に眼を配った。

たとえどのような人相書が本署から回っていたにせよ、多数の客を一人一人識別するなど、およそ神技に近く思えるが、いつもかならず立ち上がってにらみつけるような表情をした。威嚇戦法か、或いはこっちのヒガ目か。巡査が仲間と用談中だったりすると、思わずホッとしたものだ。

荷風でなくとも交番というのは煙ったい存在であった。この駅前交番もいまはなく、中華料理屋に変わっている。

もう一つは大正道路（いろは通り）と改正道路の交叉点近くにあった（前記）七丁目交番。ここは玉の井でも東北端に位置する目立たぬ場所だが、案外通人などはこのような裏道を辿って出入りしたかもしれない。

なおここは、大正道路の京成バスと、改正道路の市営バスが終点で、折返しになる場所に近かった。荷風作の一節に、常夏の花一鉢を女に届けようと、路地を抜けて大正道路へ出たが、右側に交番があったので後戻りしたというくだりがあり、それがこの七丁目交番である。この交番もいまはない。

玉の井駅前を西南の固めとするなら、この七丁目交番は東北の固めに等しく、両者で玉の井私娼街の南北を対角布陣に固めていた観がある。改正道路西側の、娼家街三部寄りにあった交番は設置期間が短く、現在は原歯科医院になっている。

現在はたった一カ所、いろは通りに墨田三丁目交番がある。これは戦後罹災をまぬがれたこの附近が、あらたに新興玉の井私娼街として再出発したため、治安上の必要から、ここが空地だったのを幸い、土地の有力者らが払い下げを受け、向島警察に運動して交番の設置を見たもので、戦前にはなかった。

昭和二十年三月十日の空襲は、この墨田三丁目あたりから南へかけ、玉の井私娼街全体をひと舐《な》めに、女の体臭一つ残さず焼き払った。命中率のよいアメリカ空軍の爆撃にしては、少し不粋な空襲だったようだが、これは直撃よりむしろ折柄西北の烈風にあおられて類焼してしまったのだから、なんともほどこしようがない。アメリカ空軍もおそらく占領後地団駄ふむ思いだったろう。

「あたしは今年八十二歳になりますが、何が悲しかったといって、この時くらい悲しかったことはなかったね。アノ焼夷弾や火勢に対して、あたし達は火叩きとバケツを持って向かったんですからね。途中でみんなばかばかしくなって止めちまいましたよ。女の中には、遠い処からよく来たわねえ、なんて感心してるやつもいましたっけ」（元三部業者、横溝兼吉）

だが、火災は大正道路（いろは通り）でうまく食い止まり、一部分を除いて、現在の墨田三、四丁目あたりは運よく類焼をまぬがれた。

そして戦後は一面焦土と化した旧玉の井私娼街に取ってかわって、このへん一帯が新興玉の井私娼街になったのである。焼け出されの娼婦たちの一部が帰ってきたのもあれば、パリパリの素人娘がみずから売り込んできたのもある。

家屋構造は最初のあいだ従来の住宅を応急にそのまま使用したので、営業的機能に欠けるところが多かったが、敗戦のみじめな思いにひしがれた男性たちにとっては、結構一刻のうるおいを満たすに充分であった。女さえいればよかったのだ。

その後、昭和二十一年九月二日、米軍指令による警視庁通達で、家屋構造も強制的に表側だけはガラス張りに椅子テーブルを置いた旧カフェー様式に改めさせられ、名称も特殊飲食店となり、娼婦を従業婦と改め、戦後売春状況の性格をはっきり打ち出した赤線としての状態で、昭和三十三年（一九五八）三月三十一日、売春防止法実施の日まで約百五十軒ほど営業がつづけられた。

現在は五、六十軒ぐらい、バー或いはスナック、小料理屋の名称で残っているが、もちろん売春とは関係がない。


玉の井には現在でも風呂屋が多い。これも娼家街華やかなりし時代の名残りであろうか。廃業の声かまびすしい都内にあってここばかりは戦前のままである。もっとも、銭湯好きは下町っ子共通の現象であって、玉の井のみに限らない。

玉の井の娼家でも戦前から内湯のある家はごく少なく、娼婦と共に遊びを兼ねて入浴した者から五円程度の玉代を取る家もあったが、まず稀なほうであった。

玉の井にかぎらず、当時の銭湯には衛生観念におよそ縁遠い入浴者が多く、浴槽の中で入れ歯を洗ったり、うがいをしたり、ひどい時には放尿するものまでいた。

浴槽の大小の二種類あるのは今も昔も同じだが、当時は大きい方が通常の湯、小さい方はクスリ湯であった。このクスリ湯と称するのが曲者で、効能書きは掲示してあるものの、何やら漢方薬まがいのクレオソート臭い茶褐色の色素を混ぜたのもあれば、乳白色の液を混入したのもあり、上からは色だけしかわからない。そのため湯の中で好きなことができるのである。子供はクスリ湯へは入らなかったが、湯を流したあと、糞便などが残るのもこちらのほうだったらしい。

女湯でも放尿や乳幼児の糞便はザラで、殊に浴槽に浸ってから陰部を洗う者が多く、湯質の汚染度は男湯の数倍に達するといわれ、浴場経営者や従業員などは女の仕舞湯へは入らなかったものである。浴槽でタオルや手拭いを使うのはほとんど常識であった。

風呂屋は東向島五丁目（旧寺島七丁目）に松の湯、中島湯、墨田三丁目に別府温泉、隅田湯、少し離れて長生湯。改正道路を越した東向島六丁目（旧寺島六丁目、即ち四部と五部）に寺島湯、玉の湯、美人湯などがある。

風呂屋をたずねて歩いていた私が、うっかり、昔なつかしいラビラントのあたりへ入りこんでしまい、方角に迷っていると、折から二人づれの老婆が通りかかって、

「とてもこのへんは路地が入り組んでいるから、一緒に表まで案内してあげましょう」

と、わざわざついてきてくれた。その道すがら、

「玉の井もずいぶん大きな街になりましたね」

と私が言うと、一人の老婆は、

「まったくその通り。玉の井の街がこれだけ大きくなったのも、みんなあの、あの女たちのお蔭です。女がいなけりゃ街は繁昌しませんよ。それを今になって放り出してしまうなんて、義理を知っていたらもう少し何とかやり方があったはずですよ」

そう言ってニヤッと笑った。冥府の市川房枝さん（昭和五十六年、八十七歳で死去。婦人運動、売春防止法等で活躍した）にでも聞かせてやりたい言葉である。

そう言えば、このお婆さんたち、六十二、三ぐらいの年格好だが、どことなく垢ぬ

けして色っぽい。

「もう、長く玉の井にお住みですか」

私はそれとなくさぐりを入れてみた。

「そうね、五十年ぐらいになるわね」

義理を持ち出したほうの、ちょっと茶目っけのありそうな老女が言った。

私は内心しめたと思った。五十年といえば昭和七、八年頃で、まさに玉の井の黄金時代に当たる。

「へえ、そんなに古くから——。それじゃ玉の井っ子と同じですね」

なんとなく私は躍る心を制して言ったが、半ば失望した。玉の井生まれに等しい老女だとすると、絶対に土地の娼家に身をゆだねることはあり得ないのである。

すると、この老女がニヤッとしたのは、私へのあてこすりだったかもしれない。

「どうだ、残念だろう」という意味に取ったほうが正確らしい。

それにしても二人の老女は路地をスタスタとよく歩く。繁華街へ出る近道なのだろうが、トタンやブロック塀にかこまれた何とも不粋な路地で、昔のラビラントの気分を呼び起こすイメージは片鱗も残されていない。

私はつとめて小窓の並ぶ昔の娼家を脳裡に描いてみた。

「ちょいと、ちょいと」

の呼び声が、錯覚でもいいからもう一度起きてもらいたかったのである。

だが、やはり白昼のまぼろしはなかった。

「この通りにはついこのあいだまで荷馬車がよく通ったもんです。どこの新開地でも、一番先に働くのは女と馬ですね」

いろは通りへ出る角で、老女たちは別れぎわにそう言った。

私は帰途、老女から教えられた馬道という場所へ寄ってみた。二メートル幅ぐらいの裏通りに、ひっそりと馬頭観世音の碑が建てられてある。慶応二年丙寅歳、と碑文に誌《しる》されてあるところを見ると、おそらく玉の井娼家街の名もなかった時代のものであろう。

馬の碑は残されたが、女の碑はない。


私娼街はなやかなりし頃の玉の井には、お稲荷さんが三社あった。玉の井稲荷、願満稲荷啓運閣、伏見稲荷。

玉の井稲荷　墨田3丁目にある。戦前は、この稲荷の縁日には街の人々が総出した。閑古鳥の鳴く娼家で歯がみした娼婦たちが、貧乏稲荷と呼んだといわれる。

水商売の女はお稲荷さんが好きだ。狐の妖術にあやかって、よいパトロンでも摑もうとする魂胆でもなかろうが、花街の女は殊にお稲荷さん信仰の度が深いようである。

一ばん古いのは墨田三丁目の玉の井稲荷で、ここは東清寺という曹洞宗の寺を兼ね、由緒は深い。寺は十一面観世音菩薩が本尊で、寛保元年（一七四一）に創建され、約二五〇年を閲している。

お稲荷さんのほうは、玉の井開発の基幹道路になった、白鬚橋から東方の寺島村へ通じる、大正天皇ご即位記念事業「大正道路」の鍬入式に、豊川稲荷を奉請して無事息災を祈ったという故事があり、玉の井発展にとって因縁が深い。境内に高さ四メートル、巾一メートルの大正道路開通記念碑がある。

戦前、玉の井稲荷の縁日（二日、二十日）は附近住民のオアシスのように賑わい、街の人が総出して、かんじんの娼家のほうは閑古鳥が鳴く始末に、娼婦はくやしがって、貧乏稲荷と呼んだという言い伝えがある。

いまはその縁日もなく、ひっそりと奥まった道路に、駐車場と、犬猫墓地、その他百坪ほどの人間の墓地を営んで、暮らしているらしい。

門内の銀杏や夾竹桃もすっかりうら枯れて、訪う人もなく、ただいたずらに巨大な

大正道路開通記念碑　玉の井稲荷の境内にある。大正道路は、大正天皇ご即位記念事業の一環として造られた。この道路の開通が、私娼窟〝玉の井〞出現のきっかけになった。

大正道路記念碑だけが昔を語っている。

「道路幅が五メートルしかないので、六メートル以上なければ露店の許可ができないと警察(現在は向島署)で言うんですよ。昔は稲荷の前から大正道路を横切って改進亭(当時の洋食屋)の前まで、約四〇〇メートルも続いたもので、玉の井の人にはなじみの深い縁日だったんですがねえ」

と、玉の井稲荷の武田信亮氏は感慨深げに言った。

玉の井稲荷から西南一五〇メートルばかりの距離に、願満稲荷、啓運閣教会がある。スーパーマーケット青楓と入口が同じであるところから、そこらへん一帯に屋台の果物屋や、青物店が出て、人や自転車の出入りがはげしく、願満いなり大権現の赤い旗竿でもないかぎり、うっかりすると見過ごしてしまう。

その心理をのみ込んだものか、お地蔵さまや祠のいたるところに旗竿を林立させ、本堂前には南無妙法蓮華経の大提灯がつるされてある。何事も宣伝の世の中なるかな。

ここは元玉の井の「投げ込み寺」といわれ、娼婦たちの不始末で生む水子供養で有名であった。なにしろ最盛時には二千名近い娼婦がいた場所柄、いろいろと生じる手ちがいの種もつきない。

願満稲荷啓運閣　玉の井稲荷の西南、約150メートルにある。元玉の井の「投げ込み寺」といわれ、娼婦たちが、不始末で生んだ水子供養で有名だった。

この建物は一時期、玉の井銘酒屋組合旦那連の休息所として使用された場所だが、雨の日も風の日も、法華の太鼓をたたいて娼家街の祈禱布教に挺身する、無宿の一老僧があるのを知って、たいへん感銘を受け、改進亭の小林氏及び組合員が、この家を堂宇として僧侶に提供したもの。

すなわちその人がこの願満稲荷開山の日達上人（昭和九年遷化）で、現在は弁能上人こと石川修道という人が継承している。

一説がある——。

日蓮宗啓運閣になる前は、旦那連の休息所というより、むしろなぐさみ場所で、暇をもて余した娼家のあるじ連が毎日のようにここで花札を引いたが、どうにもパチパチと音が高くて周囲に具合がわるい。そこで一計を案じ、当時定住の宿もなく玉の井の街を歩いて、加持祈禱に明けくれていたこの日達という坊さんに眼をつけ、場所を提供して鉦や太鼓の音でうまくカムフラージュしたというのである。

玉の井旦那連の休息所になる前までは、大正道路の寺島七丁目が終点だった京成バス従業員の宿舎であった。

その後、京成バスの終点が立石まで延長され、ここに車庫の必要がなくなったため、銘酒屋組合を通じて宿舎のほうを業者の旦那連二〇人に売り払ったのである。

さらに、宿舎と反対側の大正道路南側にあった車庫の方は、立ち退きと同時に、一時銘酒屋業者の猛烈な利権争いの対象となったが、結局、寺島警察の斡旋で、改正道路際に二五軒ほどあった娼家が、道路の拡張で移転しなければならなくなり、この車庫跡へ落ちつくことになった。この場所は俗に「二部の新地」といわれた。

三番目の伏見稲荷だが、ここは「濹東綺譚」で名高いお雪さんの家に近いドブ際の、七丁目二部の西端にあり、何かと話題が多い。

古老の言によると、神官のD先生は最初伊豆大島の三原山で、自殺志望者を相手に手相見をやっていたといわれる。

現在の社会状勢からは到底理解できぬ話だが、当時（昭和五、六年頃）は世相の暗さが反映して、伊豆三原山火口における投身自殺者の数が毎月大体二〇名内外、未遂者に至っては三、四十名を数えるほどであった。

だが、流行歌「坂田山心中」「波浮の港」などがすたりはじめると同時に、自殺者の数もめっきり減少し、D先生の生活も苦しくなった。そこで三十六計逃げるにしかずと三原山を引き払い、こんどは女人の街玉の井へきて手相見をはじめた。ところが、これが当たった。人間の運なんてどこにころがっているかわからない。

女というのは元来手相占いが好きである。昼時のたいくつまぎれに娼婦たちはわれもわれもと押しかけ、商売はたちまち大繁昌。しかしそうなると、単なる手相見だけではなんとなく安っぽい。そこで、伏見大権現の名を借りて小さな祠を建てた。これが当地伏見稲荷大明神の由来らしい。

ここの神主の息子は同時に娼家街の消息通でもあり、娼婦の個人的問題をはじめ、いろいろの情報に精通していた。

ある老作家は親子揃って玉の井の常連で、新進作家の息子さんのほうは娼婦と駈落ちしたとか。某元大臣の妾が現在娼婦をしているとか。某セックス博士がその昔銘酒屋で小僧をしていたとか。

その他、娼婦相手に腹上死した老人の話。ある僧侶が住職をやめ、夫婦でこの商売をはじめた――など。

小説の材料にでもなると思ったか、こんなことを永井荷風宛に手紙で知らせている。これにはさすがの玉の井風流散人荷風さんも戸惑い、彼のもっとも嫌いな交番まで出向いて真偽をただしたところ、

「あなたのような方は、ああいう人物と余り近づかないほうがいいでしょう」

と逆に巡査にたしなめられたといわれる。

何しろ三原山の手相見から一躍墨東歓楽街の名士になった男である。宣伝はお手のものだった。

玉の井三軒の稲荷のうち、この伏見稲荷だけが今はない。昭和二十年三月十日の空襲で焼け出されて以来、ふたたび玉の井の土を踏まないのである。

現在ではもはや玉の井住民からも忘れられているが、しかし賢明なD先生とその息子のことだから、あるいは女のいなくなった街に早々と見切りをつけ、

「もう、コン」

と一声鳴いて、お狐サンと一緒に玉の井から去ったのであろうか。

ちなみに、元の伏見稲荷は、いろは通り墨田三丁目派出所の向かい側、果物屋と医院の間を入って三〇メートルほどの、右側にあった。建売住宅になり、現在はもちろんまったく無縁の人が居住している。

玉の井と犯罪

北原白秋は「大川風景」で、玉の井の夜の情景を左のようにうたった。

「近代の無産階級の魔窟、縁日の虫籠、蛍籠さながらの一廓、銘酒屋玉の井の夜空はぽうと東に赤く湿って、言問より水神、さらにこの北へかけての向島土手をばたまたま驀進、驀進、驀進する大昆虫、自動車のヘッドライトだ。

左にほの白い河霧、長い長い長い長い木の橋は白鬚橋。

いや、その袂に鋳物工場の怪奇な表現派の建物がある。

燦と曳く流星光。——『ちえっ。』」

玉の井の空が明るいのは、私娼窟（銘酒屋街）を取り巻く商店や露店の明るさであって、娼家そのものはけっして明るくはなかった。むしろ反対に、警察の指導で、どの家も周囲や内部をうす暗くしたのである。

窓ぎわの娼婦などライトを技巧的に淡く照らし、見かけをよくするように腐心した。煌煌たる昼光燭は用いなかった。

ここの遊客は公娼や芸者と違い、弦歌酒肴と共に大尽あそびをする者はまず無に等しく、そういう設備もなかった。上客といわれる人種でも、せいぜい相場に何割かのいろをつける程度で、要するにその程度の色街だったわけである。

そして、かえって金をバラ撒くような客を警戒した。そういう客はひそかに警察へ連絡し、引け（十二時）すぎになってから、臨検の形式で刑事にきてもらう。熟練した娼婦の勘はこんな場合、八分通り犯罪者をあげることができた。

元来、男という動物はどんなに凶暴な人間でも、女性の前では従順になりやすい習性を持っている。外部で大きな犯罪をおかした者でも、女性の前に出ると人が変わったようにおとなしくなる。

これは洋の東西を問わず共通した心理で、ドストエフスキーの「罪と罰」でも、金貸し婆を殺したラスコーリニコフは貧しい一娼婦のソーニャに犯罪を告白して救いをもとめている。

犯罪者がかならず女を求めてやってくるのも共通の現象であった。遠く天正の昔(一五九〇年頃)、家康によって制定された公娼制度の目的が、一つは犯罪者検挙にあったこともむべなるかなと言うべきであろう。

玉の井にも犯罪者の通報に対して、警察(当時は寺島署)の褒賞制度があり、ホシ(犯人)を一つ挙げると、その出方(酌婦)は商売上に違法が起きても(例えば時間外や路上の客引き、または賭博等)一度だけは許される不文律があって、警察から大目に見られたといわれる。

そのため、明けても暮れても社会から白い眼で見られる娼婦たちにとっては、これが一つの勲章になり、大いにその功績を誇ったものだ。

荷風などこの土地では上客の部に属したようだが、決して派手な遊びをしたわけではなく、この世界の表裏を知悉して通い詰めたことが、女のデリカシーによい印象をあたえたものであろう。要するに遊び上手の実意が通じたわけである。

その荷風も「濹東綺譚」一作の発表によって玉の井の名士になる前までは、警察からもウロンな眼で見られたらしく、寺島署まで引っ張られて種々訊問に会ったことがある。

名刺を出しても通ぜず、さんざんおどかされて、すっかり怖くなり、陸軍糧秣廠勤務の知人を電話で呼び出してはその都度お供をさせたとある。明治、大正、昭和の、三代にまたがる作家永井荷風も、この土地では「濹東綺譚」以外に知る者がなかった。

ここで、誰しもがくびを傾げたくなる現象は、玉の井ではふしぎに大きな犯罪が発生しないことである。犯罪者はかならず女を求めてやってくるという通説があり、どんなに外部で大きな犯罪を犯した者でも、女にもてようとする一念からか、ここへ来るときまって猫のように従順になる。

陰湿で暗く、戦前の玉の井はまるで街全体が一見犯罪のかたまりみたいなイメージをあたえていたが、実際は小事件が多く、窃盗、けんか、のぞき、傷害、賭博、恐喝、詐欺等の粗暴智能犯程度で、大事件といわれる殺人、強姦、放火、強盗など、凶悪犯罪は、むしろ戦後になって家屋構造や娼婦の行動が開放的になってから起きている。

売春防止法実施間近の昭和二十七年（一九五二）から三十一年へかけてのわずか五年間にさえ、殺人一七件、強姦四五件、放火一三件、強盗五一件等、凶悪犯罪の発生を見ている。（向島署）

しかし、中には例外もあり、古い話だが、ここに珍しい戦前の玉の井殺人事件を取りあげてみる。

戦前の凶悪犯罪は五部の広場に起きた運転手殺害事件が代表的なもので、昭和九年一月十三日午後六時ごろ、通称ゴリラの空地とよばれる二、三年前までゴリラの見世物が出ていた原っぱに、三三年型フォードのタクシーがポツンと一台置かれてあるのを、別のタクシー運転手が発見した。

ここは娼家街五部の入口になるさびしい場所で、ふだんタクシーの溜り場になっており、夜中でも一台や二台車が止められてあっても誰も珍しく思わない。そのせいか、前夜の十二日夜半ごろから置かれていたのに、附近の住民はだれも怪しまなかったという。

被害者はその円タクの運転手で、所轄寺島署（当時）の芥川署長以下、警視庁の浦川捜査課長、田多羅係長、鑑識課の吉川課長などが出張。運転席の死体を検屍した結果、ネクタイによる絞殺と断定された。

左眼は打撲傷で紫色にふくれ上がり、運転席にはマフラーや帽子が散乱し、ハンドルはひん曲がって、物凄い格闘のあとを示している。凶行は十二日深更、十三日午前一時～二時ごろと推定された。

被害者は平常丸の内の簗瀬《やなせ》ガレージに車を預けて、浅草千束町の実兄宅から通勤していた運転手の早川藤吉さん（27）で、死体を発見したのは奇しくも同僚の運転手、田村要さん（23）であった。田村さんは同じように簗瀬ガレージに車を預けて商売をしていた一人だったが、早川さんがガレージに帰らないという話をきき、「九八〇四」の車番号に注意しながら街を流した末、最後に休憩のため寺島町六丁目（即ち五部）にある自宅附近の原っぱへ、いつものように車を止めようとして、自動車のヘッドライトに照らし出されたまぎれもない「九八〇四」のナンバーを発見。思わず、

「あッ！」

と声を上げたのであった。

凶行は運転心得のある男が客を装って乗車し、どこかで殺害したあげく、自分で車を運転して玉の井の魔窟にもぐり込んだものと推定され、この近辺を根城にする不良運転手の一斉捜査が始まった。

その結果、某国人柳某が有力容疑者として浮かび上がった。彼は一月五日から姿を消していた。足取りを調べると、知人を尋ねて京都へ行っているという。

さっそく京都の立ち回り先で柳某を逮捕し、身柄を警視庁に移して取り調べた結果、これが案外見込みちがいであることが判明。容疑者には明白なアリバイが成立した。その他にも何人かの容疑者を取り調べたが、いずれも潔白で、結局、この五部広場における運転手殺しは迷宮入りになってしまった。

事件のあったゴリラの原っぱには北寄りに一軒床見世のラーメン屋が出て、私もそこでそばを食べたことがあるが、まだ事件が五里霧中で、警察でも躍起になっていた頃だったから、運転手殺しの噂話は一切禁句であった。

私は好奇心からうっかりラーメン屋のおやじにその成行きを訊こうとして、ぎろっと物凄い眼でにらまれ、思わずふるえあがった記憶がある。犯人は現場を訪ねてかならずやってくるという言い伝えがあるためか、このラーメン屋のおやじも或いは警察から何か依頼されていたのかもしれない。

玉の井通の荷風さんも四部と五部へはあまり足を運ばなかったようだ。

他にも、大分年月がさかのぼるが、「銀月」の女将殺しというのがある。

これは純然たる玉の井娼家街の殺人である。この女将はまだうら若い身空で娼家を経営し、利口な女の見本のように思われたが、結果から見ると、彼女のやったことはかえって利口が裏目に出たような結末を生んだことになる。

大正十四年二月二十八日の朝、玉の井銘酒屋街「銀月」の女将、山田愛子さん（23）が、上がり口の三畳間で、まっ白い脚部を開いたままの形で殺されていた。

大正十四年といえば、玉の井の銘酒屋が、関東の大震災で十二階下からこの地へ移住して間もない、いわば群雄割拠時代である。

経営者の誰しもが、一日も早く強固な地盤を築いて、安穏な生活を得ようと、競争心にはやっていた時期であった。

山田愛子は郷里の広島から姉をたよって上京。本郷のWN女学校に通学していたが、某大学生と恋に落ち、そのあげく男に棄てられて自暴自棄となり、学校も退学して家を飛び出し、玉の井の銘酒屋「みさお」方の酌婦になった。

そして、身体を売って稼ぎながら、再び女学校に入学、無事卒業した。折から「銀月」は経営上のことでゴタついていたため、愛子は八百円の貯金を下ろしてこの家を買い取り、わずか二十二歳で晴れて娼家の経営者になったのである。かたわら、自分も戸口に出て客を取っていた。

こうなると一種のスターである。客は愛子を目指して押しかけるようになった。丸顔であまり美人とはいえないが、笑うと片えくぼが出来、それに、女学校出にもかかわらず少しも高ぶったところがない。

当時、女学校卒業者など百人に一人ありやなしやの時代である。その結果、身も心も愛子に捧げつくした客が一人出来た。横浜の井上光利（30）という鉄工場の事務員で、井上は大正十三年、愛子が「銀月」を開業した当初からのなじみであった。

井上は月給の大半をここで費消し、当然のことに色男然として、愛子の精神を一人占めできるものと確信していたが、高等教育を受け、手練手管でいくらでも財産を増やしていける愛子にしてみれば、たかが町工場の事務員ごときに、一生を託すほど甘い気持ちはない。稼げば稼ぐだけ自分の財産は増えるのだ。

その朝も、娼家ではめったに客に食事など出さないのに朝帰りの井上に食事を提供したので、彼は大いに気をよくしたものか、

「こんど来るとき持ってくるから、横浜まで帰りの電車賃を貸してくれないか」

と言う。だが愛子は言下にことわった。

「お金はダメよ。あたしは商売でこの店をやってるんだから、お金は一切出せないわ」

食事は好意のサービスだというのである。

一年来のなじみであるし、朝食もサービスするほどの間柄なのだから、当然のことに五十銭や一円の電車賃ぐらい快く貸してくれるものと思っていた井上は、

「じゃ、もう一晩泊まっていく」

「もう一晩泊まれるお金があるの？」

「まとめて払う」

「そんな、この商売はどこも現金なのよ。お金がなければ泊められないの」

そのあげく、お前には情夫があるんだろうと毒づく井上と、はげしい口論になり、破れかぶれになった井上は、

「よし、それなら歩いて帰る」

と銀月をとび出していった。横浜までは十余里の道のりである。とても朝帰りの身体で簡単に歩いて帰れる距離ではない。しかし、こう言えばいくらガメつい愛子でも我を折って、あとから電車賃を握って追いかけてくることを計算したのだ。

ところが愛子は来なかった。痩せ我慢でわざと後ろを振り向かずに歩いたが、一向にあとを追ってくる気配はなかった。

怒り心頭に発した井上は、東武線の踏切り手前で引返し、ふたたび「銀月」へ回ると、すでに表口に立って、朝っぱらから朝帰りの客を呼んでいた愛子を、うむを言わさず家の上がり口へ引きずり込んだ。

必死に抵抗する愛子のくびを絞め上げて殺し、殺害後凌辱して、現金十六円と衣類を盗んで逃げた。

才覚が仇になった。浅智恵のある娼婦の悲劇であった。

井上光利は凶行後二十日目の三月十七日に逮捕された。盗んだ衣類を入質のため、わざわざご丁寧にも玉の井へ舞い戻ったところをである。こちらは能がなさすぎたが、犯人はかならず現場へ戻るという通説を立証した点では功績があったらしい。

始祖バラバラ事件

なんといっても玉の井をもっとも有名にしたものはバラバラ事件である。

玉の井といえば一時はだれしもまっ先にバラバラ事件を想起するくらい、一躍名を高めてしまったが、これは玉の井で発生した犯罪ではなく、単なる死体の発見場所にすぎない。

死体をバラバラに分断してドブへ棄てたという猟奇事件で、ふだんでも生臭い玉の井のドブを、なお一層有名にしてしまった。

胴体を三分したなどという殺害方法は、世界の犯罪史を見てもかつてないと、推理作家の江戸川乱歩を慨歎させたほど、事件は残忍をきわめたが、犯罪が突飛なわりに結末もまた意外に突飛で、当時の量刑からすれば、殺人罪なら死刑か無期懲役であったにもかかわらず、これまた、世間の予想を裏切った。

昭和七年（一九三二）三月七日の午前十時ごろ、市外（当時）寺島町八七九番地先、曳舟川にかかる薬師道橋から玉の井娼家街方面に流れる、幅三メートルほどのドブ川の東側に、ハトロン紙とぼろきれで包まれ、荒縄でくくられた包みが棄てられてあるのを町内の人が発見した。

発見者は犬猫の死骸か、もしくは私娼街に近い場所柄、赤ン坊の死骸でも棄てたのではなかろうかぐらいに見て、行きすぎようとしたが、それにしても包みが大きいので、おそるおそる引き揚げてみると、中から古浴衣や古おむつに包まれた人間の胴体らしいものが出てきたので、びっくり仰天、急いで東武線玉の井駅前交番に届け出た。

（註、ドブの所在地は、東武線玉の井駅前より東方約一〇〇メートル。東向島五ノ四、魚広脇。この発見場所のドブは現在路地になっている）

ただちに所轄寺島署から係官が出張。よく包みを調べてみると、はたして、両足を下腹部から切断した男性らしい裸の胴体（下部）であることが確認された。

さらにドブ川の附近を探すと、西側にも同様なハトロン紙包みの胴体（乳上の上部）と首の一包みを発見、警視庁に急報した。

鑑識課から吉川課長、万金現場主任、土屋捜査課長、その他捜査員らが出張、厳密な検視の結果、ひとまず現場の状況を綿密に保存して、切断体を寺島署に送り、判検事、及び係官の手で慎重に調べることになった。

なお、残りの手足が発見されないため、刑事隊は手分けして附近一帯のドブ川の捜索、行方不明者等について大々的に手配した。

現場は附近に陰気な私娼街があり、凶行は死体の状況から大体前夜あたりと推定。相当な重量なので、深夜、荷車か、リヤカーなどで運んで投棄したものと見られ、この方面か南葛飾方面に的がしぼられて、刑事総動員の活動が開始された。

「いや、おどろいたね、あの時は。玉の井銘酒屋街は全部一時開店休業さ。殊にあたしらの家のある三部は発見場所のドブに近かったから、どやどやっと大勢の刑事がやってきて、押入や便所はおろか、床下から天井裏まで調べる始末。自分の家だけはぜったいにうしろ暗い点はないと、あたし達は自信を持っていたものの、その反面ビクビクものだった。客はどんな種類の人間がきているか、一々しらべるわけではないから、中にはもしかしたらへんなのが来て、家のどこかへ手足でも隠して行きやしまいかと、刑事さんたちが引き揚げるまでは生きた心地がしなかったね」

（元、三部業者、横溝兼吉）

寺島署で警視庁の土屋第一捜査課長、田多羅強力犯係長、その他担当係官らが検視の結果、男の年齢は三十歳前後、顔は面長、髪は長く、右肩が異常に発達し、鼻腔に石炭灰らしいものが残っているので、石炭などの運搬に従事する労働者と推定。

なお、胴体の中央部と附け根から切断された両手両足が依然として発見されぬところから、附近の町民総出動で大がかりなドブ掃除と相成った。

なにせドブ川の多い場所で、それがみな血脈のようにつながっているからややこしい。

東には曳舟川という大ドブが控えている。このドブ川は元亀、天正の大昔までは、本所深川の市街地に飲料を供給する上水道の役をつとめ、江戸時代には広重や北斎の画題に取りあげられた有名な堀割だが、この時代（昭和七年頃）にはオワイ船がたまに通る程度の川でしかなかった。しかも惨殺体が発見されたドブはこの川に接続していたのだから、事は大きい。人は寄るとさわると惨殺体のドブの話で持ち切りだった。

私はちょうどこの時代に曳舟川のほとりに仮寓していたので、少し雨が降って川の水が氾濫したりすると、すわ、どこかに残りの手足が流れて来はしまいかと、いっぱしの探偵眼をはたらかせたものである。

この事件には当時の探偵小説界の重鎮江戸川乱歩も一役買って出て、捜査に協力したが、残念ながら被害者の身元は割れなかった。

胴体を三つ切りにしたなどという事件は、世界の犯罪史上にも例のないことで、目的は持ち運びに便利な点と、死体を細分化して犯跡をくらまそうとする意図にあったのだろうが、こういう場合は遠隔地を選んでバラバラに棄てるのが常識としてまず考えられるのに、二個とも一〇メートルも離れぬ同じドブの両側にあったのだから、わけが判らなくなる。

寺島署楼上の捜査会議は、延々として果てしがなく、ただ、楼上の一隅に置かれたアルコール漬の首だけが、無言で会議の行方をながめるばかりであった。

中には祈禱や霊媒で被害者の身元を当ててみせるなどと申し出る者、その他自称名探偵が、こわいもの見たさに、われもわれもと捜査本部の寺島署に押しかけるさわぎ。そのなかには数百人の相手を記憶するという千住柳町の元公娼もいた。

だが事件発生一カ月後の四月には、捜査会議の苦悩をよそに早くも迷宮入りの噂が濃くなった。

さらに事件後五カ月目には、当時は珍しかった警視庁自慢のモンタージュ復元写真を作成して、街街に配布し、一般からの密告を待つことになったが、これも十日二十日と空しく時をすごすばかりで、何の反応もない。

ところが、天網恢々疎にして漏らさずとはよくぞ言ったもので、秋風の吹きはじめた九月も半ばになって、意外にもお膝元である水上署勤務の一警官が、この被害者を知っていると名乗り出た。

三年ほど前、モンタージュ写真に似た浮浪者風の男が、七、八歳ぐらいの女の子を連れて、隅田川沿いを歩いていたのを保護したことがあるという。

さっそく調べると、女の子を連れた浮浪者は一時本郷湯島新花町（本富士警察前より東南方約一〇〇メートル）に住む長谷川市太郎という男のところに同居したが、しばらくして行方不明になったことを突きとめた。そこで長谷川を検挙し、事件はようやく発生後七カ月目の十月二十日、全貌が判明するに至った。

主犯は本郷湯島新花町三番地、無職、長谷川市太郎（39）。共犯は弟長太郎（23）

妹とみ（30）の二名。被害者は住所不定、千葉竜太郎（30）。凶行は新花町内、長谷川の自宅で行われた。

事件の概略を述べると——

昭和六年四月半ばのある日、浅草を稼ぎ場としてポン引き（売春婦の斡旋）を内職にする長谷川市太郎は、その日も例のごとく公園内をうろついてカモを物色していたが、十歳ぐらいの女の子を連れた一人のルンペン風の男（千葉竜太郎）が木馬館裏のベンチに悄然とたたずんでいるのを発見。

事情をきいてみると、男は病気でしかも妻に死別し、子供を連れてあてもない生活をつづけているという。そこで、その日は五十銭とバナナ、煙草等をあたえて別れた。

それからというものは竜太郎に同情した市太郎の母親や妹のとみが、毎日交互に湯島から浅草まで出向いては、やれ握り飯、やれ稲荷ずしと、種々の食料を届けたのである。なお事情をきいてみると、自分は青森の出で、実家は相当な資産家だが、家出の上、現在は病身なので帰れないという。

同情した長谷川市太郎一家は、そこでただちにこの親娘を引き取ることにした。

ところが、いざ家へ引き取ってみると、資産家などとはまっ赤ないつわり。怠け者で酒のみで、おまけに大法螺吹きときている。それに、誰かれとなく乱暴する凶暴性の所有者で、手がつけられない。

働き口を世話すればなんとか更生するだろうと思い、汐留駅の雑役を紹介し、衣服など準備一さい面倒を見てやったが、勤めは半月と続かず、洋服から靴まで叩き売って、また元のもくあみになる始末。

魚屋の仕事を世話すれば、天秤も元銭も飲み料にしてしまう。家にいれば大口をきいて、故郷から金が来るのなんのと嘘をつき、怠け放題怠け、威張り散らすだけである。

さらに、妹のとみと内縁関係ができたのをいいことに、とみと前夫の間に生まれた赤子まで、気にくわないと言って、逆さ吊りにして殺してしまった。

こんな生活が一年続いた。

一年間で市太郎一家に入れた金はたった三円五十銭で、あとはタバコ銭も食費も悉く長谷川家からの持ち出しであった。

昭和七年二月十三日、夜中の三時ごろ、千葉が妹とみに乱暴するのを見て、このままでは一家皆殺しにされると思った市太郎は、ついに堪忍袋の緒を切らし、火鉢の中にあった裁縫用のコテで、千葉の頭部をつづけざまに数回なぐりつけた。

千葉は「ウーッ」と唸り声をあげ、一度は頭をかかえて倒れたものの、形相ものすごくすぐ反抗の気勢を示したので、せまい家の中で争いの現場を女たちに見られたくなかった市太郎は、その場は堪え、朝になるのを待って、母親やとみ、千葉の娘きく等を、神社へ朝詣りの名目で外出させた。

寒は明けたものの、二月十三日の朝七時といえば、一年中でもっともさむいころである。近所に湯島天神や神田明神がある。とても神詣でなどの心境にはなれなかったけれど、事情を知った一同は着られるだけの着物を着て、そそくさと出かけていった。

市太郎は女たちが出払ったのを見すますと、半ばぐったりしている千葉の背へ馬乗りになって、後からとみの帯締めで絞め殺したのである。

そしていったん大風呂敷に死体を入れて台所の揚板の下にかくし、しばらくそのままにしていたが、二十日の朝九時ごろ再び家族一同を外出させ、一人になると台所の下から死体を引出し、押入れの中で両手両足、さらに首を切断した。翌二十一日にはまた家族を外に出し、こんどは胸と腹と腰の上、すなわち胴体を三分した。

死体を切り離した後も再度床下にかくしたが、死臭が漂うようになり、処置に窮し、殺害から約三週間後の三月六日夜、頭と上体部、下体部、の二個をぼろきれとハトロン紙に包んだ上、風呂敷に入れて、すでに顚末を知っていた妹とみと同行。円タクを拾い五十銭で玉の井まで行き、前記、東武駅前一〇〇メートルのドブへ棄てた。これが第一の発見場所になったわけである。

さらに四日後の三月十日早朝、かねて事情を話しておいた弟長太郎（帝大工学部写真室雇員）が勤務する物置の床をはがして、残りの部分（手足）をかくし、胴体の中央部は王子方面へ隠匿した。

以上が事件のあらましである。まことに念の入った殺人であった。

結局、玉の井のドブで発見されたのは前記二個の包みだけで、他の部分は全然関係のない場所に投棄されたわけだが、犯人が棄て場所に玉の井のドブを思いついたのはどういう理由であったか、興味のあるところである。

長谷川市太郎はポン引きを業としていたが、根城は浅草界隈だから、玉の井の地理にはそれほどくわしくなかったのだろう。お歯黒ドブなどの通称があるため、ドブ全体が墨のように黒く汚染されているとでも思ったのかもしれない。

実際は底が浅く、土留《どど》めのない小流れみたいなところが幾らもあり、水門を通じて荒川放水路（昭和四年頃完成）や隅田川などの潮流の関係で、多少は水量の増減もあったが、物体が重味で埋没するほどの水かさではなかった。発見時に死体の包みがドブの側壁にひっかかっていた点でもわかろう。

殺人者は一刻もはやく凶行現場や死体から離れたがる心理を持つそうだから、本郷湯島のほうからタクシーで来た兄妹が、改正道路でいち早くタクシーを帰し、玉の井のほとんど入口ともいえる現場のドブへ、あわてて切断体を遺棄したのだろうが、単独で冷静に千葉の死体を処理した長谷川市太郎にしては、思わぬ手ぬかりだったわけである。

当時、このへんならまだ他に格好の隠し場所がいくらでもありそうに考えられる。妹のとみは過去に短期間玉の井で酌婦をした経験があるそうだから、或いはこの土地を選んだのはとみの発想がかなり有力に作用していたかもしれない。

それにしても、殺人者というのは心理的動揺のせいか、どこかでミスを犯すものである。死体をバラバラに切断しても、なおかつ完ぺきな犯罪には至らなかったわけだ。

いずれにしてもこの事件は、善意が仇になった長谷川一家に多くの同情が集まり、司直の裁きも、昭和十年十二月十七日、第二審で、

市太郎　懲役十二年
弟長太郎　同六年
（以上未決通算三百日）

妹とみは第一審で懲役六カ月　執行猶予三年の意外に軽い判決があった。千葉の娘きくは遠縁の者が引取った。

さらに特筆すべきは、モンタージュ復元写真も一向に効を奏せず、捜査本部がほとんどお手あげになりかねなかった時期に、水上署の一巡査が、三年前に行った不審訊問の記憶をよび起こした報告によって、電光石火、一挙に犯人検挙の解決にまでみちびいたことである。

一外勤巡査の注意報告が、思いがけぬ効果を招いた事例として、職務質問の重要性を再確認させ、この事件の経緯は長く警視庁史に記録された。

——こうして玉の井バラバラ事件は、青春のメッカといわれる私娼街が廃止された後までも、この街と共にその名をとどめたのである。

玉の井人間模様

娼婦は直感がするどい。

小窓の脇の板戸をあけて、客を迎え入れた瞬間、相手を識別する眼力を持つといわれる。

が、殺人犯でも強盗でも、最初からそんな顔をして入ってくるわけではない。なかにはこわい顔をしていても、きれいに遊んで帰っていく堅物もある。

客はすべて「金銭」に換算する個体であるから、よほど常軌を逸した行動を取らぬかぎり、女はすこしぐらい怪しいと思っても、朝まで秘めて無事に送り出す「事なかれ主義」の応待も心得ている。

それに反してヒモの場合は、

（あ、いけない。自分はこの男に骨までしゃぶられそうだ）

などという予感が、たいがい戸を開けた一瞬の視線と、男の持つ雰囲気で、はっきりわかるらしい。

そして、（いけない、いけない）と警戒しながらも、男の手練手くだにのせられ、末は貯金はおろか、宝石類まで持ち去られる例はしばしばである。

ヒモは最初いかにも実直そうなポーズを取り、まじめな話で娼婦の歓心を得る。娼婦は平常、客の顔つきや言葉づかいで大体性格や人間の判別がつくから、めったに人間判断に狂いを生ずることはないが、チャランポランな客の態度にばかり接している関係上、どうしてもまじめな話に弱い。

そして彼らは、あっさりと淡白に遊ぶ。決してしつこいことをしないのだ。これには千軍万馬のつわものどもを相手にする娼婦も無条件にまいってしまう。女が一番急所をつかれやすいツボなのである。

猫をかぶる男も多いが、そういうのはやはりどこかしらボロが出るものだ。いくら警戒していても、調子よく優しい言葉をかけてくれる男にはコロリとまいってしまうのが、こうした女の悲しい性《さが》である。

やくざや不良などは、えてして、こうした女たちが愛する対象をほしがっていることを知っていて、空ぞらしい言葉を並べ立て、関心を引く。そしてなじみになると朝帰りがけに、メシ代や電車賃を都合しろなどとタカリはじめる。

すこし知能的なやつは結婚しようと巧みに誘惑し、同棲するまでボロを出さない。同棲したが最後、貯金通帳を空にするだけでなく、衣類や装飾品など、すべてを叩き売らせてしまう。

反対に、過去のことや転落の動機を訊きたがる男は女に嫌われる。恵まれた過去を背負ってこういう場所へくる女はいない。一寸の虫にも五分の魂で、どんな女にも誇りがあり、醜い内容はさらけ出したがらない。金は貰っても肉体を提供するのだから、人間的には五分と五分だという観念があって、娼婦はへんな同情や憐憫の眼で見られることを極端にきらう。

その反面、長い娼婦生活のあいだには、肉体生活に反比例して男に対する精神的渇望が熾烈になり、どうせ男の手に落ちるなら、嫌いなやつより、見かけだけでも好きなタイプのほうがましだという考えから、悪いやつと知りながら、甘んじて男をヒモにする例もある。

むしろヒモのために生甲斐を感じ、生活の張りを持つのである。ヒモのない生活など淋しくて堪えられないという型であった。

永井荷風は青年時代に渡米直後、イデス・ギラードという娼婦となじみになり、

「太股の内側にホクロのある女を情婦に持つと出世する」

と教えられた。

そして、イデスは自ら仲間によびかけてそういう女を探してやったが、あいにく見つからず、結局、

「わたしが替わりになってあげる」

と、大層好遇したような話が残されている。荷風なら長身で、若い時には鼻メガネを掛けていたらしいから、男っぷりもよかったろうし、かなりモテたであろう。イデスは大分貢いだという噂が伝えられている。

同じヒモでも悪質な搾取一方でなく、女が実意をつくして、自らヒモを持つことに誇りを感じ、生甲斐にしたという実話が玉の井にもある。

三部の島村方ののぶ子は歌手志望のK・Gにつくし、音楽学校の無名時代からK・Gを激励して、金を貢ぎ、性のほうも客と娼婦の関係以上に要求に応じてやっていた。

性に不満があると、ろくに歌の修行もできないというK・Gの言葉に従い、泊まりでも時間あそびでも、K・Gが来れば玉代《ぎょくだい》は常に自分の負担で彼を満足させていた。完全に娼婦とヒモの関係であった。そしてその関係は三年ほどつづいた。

K・Gは元々才分のある男なので、学校を出る前からレコード会社に目をつけられ、卒業と同時に一躍流行歌手に仲間入りしたが、一方のぶ子のほうは三十を二つも三つも越して、顔も身体も干からび、娼婦としての売れ行きはぱったり落ちて、相手を選ばず客にすがりつく有様。

それでも彼女は心の中で満足していた。自分が肉体をスリ減らして尽くした男が、今を時めく流行歌手になったのだから、こんな名誉なことはないと、風呂屋の会話でも鼻高々であった。

玉の井の女たちにとって歌謡曲は一種の生活の原動力みたいなもので、日常の糧になっている。生きる刺激でもあった。しかもその唄い手の中に愛人のK・Gがいるのであるから、のぶ子の得意さは絶頂に近かったといえよう。

だが、そのうち彼女の身体の衰弱はいよいよ本物になり、商売もできなくなってしまった。まるで墨東版「椿姫」のような話だが事実である。さすがにのぶ子の朋輩も心配し、絶対にしゃべってくれるなというのぶ子の懇願をしりぞけて、彼女に無断でこの事をK・Gに伝えた。

K・Gは話を聞いて愕然。ただちに彼女を見舞い、その後は毎月、生活費を送り届けたという。玉の井の当時の女なら大抵の者が知る報恩美談になっている。

しかしこのようなヒモの成功談は万に一つありやなしやで、ほとんどが貢ぎ損、あげくはヒモに逃げられるか、ダニになって一生食いつぶされる例が多い。ヒモには常習者が多く、複数の女に知的な手を用いて取り入り、その方法はかなり複雑で、バレるまでには数年を要する関係がざらである。

ヒモの性的形態にも種々あり、おかみがわざとその方の達人をヒモに持たせて、女を店に釘付けにしてしまうのもあれば、自前で稼いでふところに余裕の出来た女が、道楽に少年を情夫に持ち、あらゆる変態的性技をさせて、唯一の慰めにしたというのもある。

五部のみよ子は三十に手の届く年増だが、偶然上がった十六歳の少年に夢中になり、長年の娼婦生活で習得した四十八手の奥儀を、可愛さのあまり、少年が来るたびに手ほどきして、恍惚境に入るのを楽しみにしていた。

ところが少年のほうはそんな状態の年増がいやになり、次第に足が遠のいた。するとみよ子は、家庭の中には絶対に立ち入らぬという約束を反古にして、少年から聞いていた住所姓名をたよりに、ついに少年の家を突き止め、

「もしこのまま足を断つなら、一切を家の父母にバラす」

という脅迫状まがいの手紙を送った。

少年の家は日本橋の老舗で、少年はまだ旧制商業学校の生徒だったが、いったん火のついた年増女の狂恋は前後の思慮を失わせた。

女は少年を手放すのがいやさに、煽動して二人で箱根へ逃げた。が、間もなく足がつき箱根の旅館で、少年の店の番頭と玉の井の用心棒でおかみの情夫である男に連れもどされ、みよ子は罰として契約以上のノルマを課せられた。馬のように鞭打たれ、無理な客を取らされたのである。そんな状態だから身体はたちまち別人のように衰弱していった。

「こんな人間は早く死んだほうがいいんだ。生きていてもしようがない」

自暴自棄で、みよ子は客のだれかれにそんなことを言った。

「じゃ、死んじまいなよ。元手いらずに簡単に死ぬ方法はいくらもあるよ」

客の中には冗談半分けしかける者もある。

「どうするのよ」

「舌を嚙むんだ」

「ばかばかしい。あたしの舌はそんなに長くないよ」

みよ子は客を相手にへらず口をたたいた。

ほんとうはその方がよかったのだが、死ねない理由があった。少年が人目をしのんでたまに会いに来るのである。少年のためにもがんばらなければならなかった。

秋になるとみよ子はとうとう床についた。

見るに見かねて親元が引取りにきたが、借金を理由に、死んだら別だが、生きてる間は客を取らせるとおかみは言い張る。このような地獄図絵は、公私の別なくこの世界では珍しいことではなかった。暮になってみよ子はついに死んだ。その時は舌を嚙み切る力もなく、舌端にわずかな傷が残されただけであった。

この界隈の経営者には意外に警察出身者が多い。私娼街の取締まりを受持った警官が、おかみと夫婦関係を結んで主人の座に成り代わる話は少なくない。警察出は取締まりの裏を知るだけに機微に通じ、利権の問題などにも強い力でのぞめるのである。

警察官としてこの界隈を取締まっていたころは人情警官だったのが、経営者に成り代わったとたん、鬼畜のように変わるのもこういう連中であった。一度このぼろい商売に手を出すと、がらりと人間が変わるのである。

三部の高橋と表札の出ている娼家の敬子は、巡査上がりの主人の細君だが、それでいて客を取っていた。いわゆる「主人出方《あるじでかた》」なのである。面長な美女で、泊まりの客は絶対に取らぬし、通りすがりの客にもめったに声をかけない。それでいて、この女にじっと見詰められると、客はついふらふらっと窓の前に吸い寄せられてしまう。しかも玉代は普通の女の二倍も取ったが、客の数は一向にへらなかった。

だが、亭主は女房が必要以上に客に親しくすると、嫉妬して、時間中でも怒鳴ったり、ベルをはげしく鳴らしたりする。敬子にとって客との交渉は、きまりきった言葉と応待しか許されなかった。それはまるでセリフと動作をあたえられた俳優の演技のようなものだった。それ以上の言葉や行動に移ったりすると、たちまち亭主の怒りを買い、ときには血の出るような暴力を受けることがある。

それに反し、同じ「主人出方」でも、枯れ木に花を咲かせて、たった一人で大いに稼いだ女もある。人間の運というのはよくよく判らないものだ。一方は抜け道をして儲けようと、警察官を亭主に迎えたのに、かえって暴力の被害に会い、この方は恥と苦労をかくごの上で、老後の花を咲かせるために、馴れない世界へ入ったにもかかわらず、意外な成功を見たのである。

しかし——

改正道路から五〇メートルほど西へ入った、元京成バス車庫跡の二部の新地といわれる場所に、二十軒ほどの新装家屋が並んでいた。

この一画はかつて改正道路際から強制的に移転を命じられた際、利権争いでいろいろ紛争をまねいた場所だが、このなかに赤い門灯をつけて開店した山本いよ子という経営者があった。

元陸軍中佐の未亡人で四十五歳になり、わずかの前借で玉の井に流れ込んだあげく、陸軍中佐未亡人を看板に忽ち売れっ子になった女である。

四十五歳といえば初老もいいところで、普通なら「かあさん」の役目しか勤まらぬ年齢だが、元中佐未亡人という看板が年輩の客や物好きな若者に受け、いや味のないつつましい応待で結構繁昌した。

境遇による慣性というものは一朝一夕には変わらぬもので、彼女の上品な物腰が決してつくりものでないことは、客にもすぐわかった。この時代の軍人の威力は死後なお配偶者にまで及んだことになる。

彼女は一年間できれいさっぱり借金を返し、こんどは家主に家賃や権利金、揚銭等を払って、堂々と一家の「主人出方」として出発した。

トントン拍子とはまさにこのことを言うのだろう。いよ子が経営者になったときくと、土地の周旋屋などがわれ先にと女の子の世話をするようになった。大体、こういう女を扱う業者にとって、最大の悩みは「玉《ぎょく》」を集めることである。

玉の井には「平田」とか「津田」とか、三、四軒ほど、手広くその方の店を持つ周旋屋もあったが、中には地方回りの「ゼゲン」までが、いよ子の評判をきいてやってくる。

彼女の家には新規開店後一カ月も経たぬうちに、早くも三人の女が初見世の娼婦として紹介された。

三人では規定の人数を超える。彼女も最初はちょっとためらったが、この娼婦難時代に、格安の手数料で集められた女の人数などに頭を悩ませてはいられない。ことわるなど勿体なくてできなかった。

それに、彼女も三年近い自娼自営生活で、玉の井の内情にも明るくなり、実際はそれくらいの女を抱えながら、姉妹とか養女とかの名目で表面をカムフラージュする業者がいることぐらい、知りすぎるほど知っていた。

しかも三人共揃って器量よしだった。

「この女たちが全部、金の玉子を生む鳥になるのだ」

そう考えると、あだやおろそかには出来ない。彼女にもむらむらと欲が出てきた。四十数年間の過去の生活で、これまでに一度も味わったことのない異質の感情が頭をもたげたのである。

彼女は三人の女たちに好き放題の我儘をさせて、甘やかした。食事から衣類、対応、玉帳の点まで、すべてに家族的温情主義をもって臨んだ。

しかし、実を言えば、いよ子に一つの成算があったのだ。それは、自分の年齢がすでに五十に近く、人生の終局に近づいている。この時代には人生五十年説が常識だった。いま稼げるだけ稼いで、安定した老後の道をつくらなければ、二度と金儲けはできない。

それには若い女たちを徹底的に甘やかして、いわゆるこの社会で言う籠絡手段によって、飼いつづけるのが一番得策だということである。

娼婦はだれしも雇い入れと同時に「借金証文」はむろんのこと、「譲渡承諾書」という一札を入れさせられる。譲渡というのは転売（たらい回し）のことで、要するに強制的に住み替えの承諾書を取られていた。

病気、足抜き（逃走）、その他警察沙汰の過失で、彼女らの身体に何らかの異状が生じた場合、借金その他を手数料の名目で倍加され、よその場所に移されても異議は申しませんという契約書なのである。

大体、人身売買を禁じている法的見地からすれば、こんな契約自体が無効で、なんら根拠のない一片の紙片にすぎぬのだが、無知な若い女たちにそのような高度の知識があろうはずもない。親権者や本人が署名捺印さえすれば、証書の内容の文句はどうあろうと効力を発揮するものと頭から信じこんでいる。抱え主のいよ子でさえ、つい最近それを知ったばかりなのだ。

三人のうち、喫茶店からきた絹子という女が最も器量よしの上玉で、年齢も最年少の十七歳だったし、潑剌としていて真っ先に売れっ子になった。

実際は、十八歳以下は警察で就業を禁じられているのだが、訊かれたら十八歳に帳簿を糊塗するぐらいのことはこの社会の常識である。いまや欲のかたまりになった山本いよ子は、抜けられる法の裏側なら、どんな危険を冒してもやり通そうという気構えになっていた。本物の経営者になるまでは夢にも考えたことのない心理がふつふつと湧いたのだ。

しかし甘やかしの度がすぎて気を許したせいか、いつのまにか絹子に元活弁（映画説明者）のヒモがついていた。そのあげく二年目の秋、

「おかあさんに申しわけありませんが、かんべんして下さい。借金は後日かならず返します」

という置手紙を残して足抜きをしたのだ。しかも平常やさしいいよ子のことだから、決して手荒な捜索はしまいとたかをくくって、行先の住所まで手紙に書き添えてある。

が、いかにいよ子でも、いったん金の亡者に成り代わった以上、温情主義は一つのテクニックであって、そんな泣き落としに易々とは乗らない。狂ったようになった彼女は、玉の井の男衆《おとこし》（組員）に連絡して、すぐさま深川の花柳界にいる絹子を連れ戻した。しかもその方法が、玉の井ではかつてだれもやったことのない強行手段だった。

白昼、大の男が二人がかりで風呂屋へ踏み込み、自動車に乗せて連れ戻したのだ。相手は若い女で、しかも真っ昼間の街路である。グリコの社長などの比ではない。連れ戻すと同時に、いよ子は鬼女のようになって、はげしい折檻をした。

関西か九州方面で、足抜きの女を風呂屋から土地の男がひっぱり出した事件があったという噂は、玉の井の女たちも薄々きいていたが、高級将校の未亡人で教養も普通以上にそなえ、たかだか三年余りしかこの社会の経験を積まぬいよ子が、このようなムゴいことをするとは誰にも想像できなかった。

この話はたちまち土地の者たちの口にのぼり、噂で持ち切りになった。土地の人々の口にのぼったということは、それだけいよ子の悪評が高まったことになる。

「なんだ、虫も殺さないようなあの顔で」

「中佐未亡人がきいて呆れる」

などと、平生のやっかみも手伝って悪評はつのるばかり。

玉の井娼家街全体の名誉の問題にもなり、銘酒屋組合はいよ子に対し、一カ月間強制休業の懲罰動議をもってのぞんだ。南喜一が女性向上会から手を引いたあとの、昭和九年十一月のことだったからまだよかったようなものの、もし南がこの事件を知ったなら、彼独特のヒューマニズムを理由に、銘酒屋組合員全体がたちまち指弾の餌食にされるところであった。

いよ子はその後、儲けた金はすっかり贖罪《しょくざい》の代償みたいにしてまき上げられ、無一文になったあげく、一年足らずで玉の井から消えた。子供のない一人身だったので、どこかの養老院（現在の養護老人ホーム）へ掃除婦として入ったという。

「柄にない生兵法は大怪我のもとさね」

といったのは、いよ子を知るある古老であった。

華やかでやがて淋しい終焉

玉の井私娼街は事実上、昭和二十年（一九四五）三月十日の空襲で全焼し、壊滅状態に陥ったわけだが、だからといって、終戦時の二十年八月十五日まで、まったく女気がなかったわけではない。

罹災した娼婦たちは一時縁故をたよって四散し、帰農する者、工場労働者になる者もあったが、何しろ空襲時に約四八七軒（一説では五五五軒）一二〇〇人もいた娼婦たちが、いずれも同じ家庭環境を持つ者ばかりとはいえなかった。中には実家や親戚に帰っても住居や食料等の問題で、歓迎されない者もある。

地方に実家のある者はまだ恵まれた方で、東京出身者の多くは家が罹災し、住む所のない者がたくさんいた。住居だけでなく、習い性となった娼婦たちは、産業戦士に早替わりして、おいそれと労働に従事することもできない。

いきおい食い扶持を稼ぐためには、身に馴れた一番てっとり早い仕事につくより方法がなかった。焼けビルや倉庫の隅、またはカラ防空壕などを利用して稼いだものも多数いたようである。戦争は売春婦を生むという原則は、洋の東西を問わず世界的現象で、歴史を通じてくりかえされている。素人でさえその気になる時代に、習い性になった彼女たちが、この方法を用いぬはずはなかった。

天から爆弾が降ろうが、槍が降ろうが、人間はどのような窮境にあっても、この道ばかりは避けられない。わたしなど空襲警報下、防空壕の中で夫婦のいとなみを見せられたこともあるし、遠く関東大震災のときには、汽車の停止線の陰で行っているのを目撃したこともある。もっとも、この時はまだ子供だったので、薄暗がりで妙なことをするものだと、いぶかしんだだけであったが――。

玉の井は娼家街全域がやられたのであるから、いくら空襲好きのアメリカさんでも、もうこの上は禿山の草っ葉みたいに、ちょびちょびっと残っているわずかな非罹災地にまで、貴重な爆弾を落とすような無駄づかいはしなかろうという予測の元に、行き場のない娼婦たちは、その草っ葉地帯をめざしてぼつぼつ行動を開始するようになった。

亀有、亀戸、立石、お膝元の玉の井の罹災をまぬがれた非娼家街の一部分である。大正道路（いろは通り）の北側、現在の墨田三、四丁目あたりの非罹災地だ。なかでもっとも多くの罹災娼婦を吸収したのが、のちに「鳩の街」と呼ばれるようになった寺島一丁目の一画である。

ここは元の玉の井私娼街から南へ一キロぐらいしか離れていなかったし、ほとんどが罹災をまぬがれた住宅街で、疎開による空家が多く、焼け出されの玉の井業者連にとっては、まさに垂涎千丈にも達する地域だったのである。

再三の空襲（三月、五月）で物資の欠乏は極限に達し、釘一本、板切れ一枚にも不自由する状態であったが、附近には工場が多く、軍需産業にたずさわる産業戦士たちの戦意昂揚のためにも、ぜひとも彼らに貴重な慰安を提供しなければならない。

〝神国日本〟

〝撃ちてしやまむ〟

というスローガンが至る処の廃屋や板塀になぐり書きをされ、終局的には勝利を信じていた国民は、物資不足ぐらい大して意に介さなかった。業者も女たちも打って一丸となり、ただお国のためにのみ、粉骨砕身したのである。

幸い、玉の井の焼け残りのこの一画には、長屋、小住宅、倉庫など、すでに商品や家財道具の散失した家屋が多かったので、そういう場所の一隅を借りて、焼け出されの旧経営者と女達は座布団一枚で商売をはじめた。ここが新興玉の井の売春街になる。

そして、八月十五日の敗戦を迎えた。

敗戦日本は米軍の占領政策により、すべての国内機構に変革がもたらされ、政治、経済、社会、教育等は元より、人間生存の道までがどんでん返しになった。

売春制度もご多分にもれなかった。

すなわち、昭和二十年八月十七日。鈴木貫太郎終戦内閣の総辞職後二日目、新たに東久邇宮稔彦王が首班となって組織された後継内閣の廟議で、売春業の復活が論ぜられたのだ。

敗戦に女はつきものである。間もなく上陸し、怒濤のごとく押し寄せるであろう、戦勝兵たちの手から日本の婦女子を守るためには、ぜひとも、その防波堤として売春婦を用意しなければならない、と声を大にして閣議で叫んだのは、誰あろう、かつての文化宰相近衛文麿であった。

荒川寄りから見たいろは通り（昭和32年）　玉の井界隈発展の基幹となった大正道路のうち、東武線以東をいろは通りと呼ぶ。右側が現在の墨田3丁目、左側が東向島5丁目。

そして、その具体策は、内務省警保局長から無電の秘密通達によって、全国の警察署長宛に、性的慰安施設、飲食施設、娯楽場等の充実、とりもなおさず、芸妓、公娼妓、女給、酌婦等をもって優先的にこれを充足する設備の急速な指導を、積極的に指令した。

「女体ベッド作戦」と称する、進駐軍の兵士から一般婦女子の貞操を守るための、職業婦女による防波堤の布設であった。

売春街の様相は一変した。陰湿で暗さを生命とした戦前の家屋構造が、急きょ硝子張りの建物に改められ、なにをするにも遠慮と卑屈に固まっていた売春婦たちの行動が、水を得た魚のように活発になり、誰に気兼ねする必要もなく堂々と生活できるようになった。

娼家は一軒に二人などという制約もなくなり、五人でも六人でも資力のある限り何人でも置けた。そして目ざましいほど女の権力が増大し、業者がもっとも苦労する、周旋屋やゼゲンのような特殊な仲介を経るまでもなく、店頭の「女給さん募集」の貼紙によって、おもしろいほど女が集まった。

自らすすんでこの商売に投入したのである。はたしてこんな娘たちが、娼家で見知らぬ男たちに身をまかせられるだろうかと疑ぐりたくなるほど、きりょうのよい素人娘が、どんどん飛び込んできた。

しかも高校出や女子大出身という、かつての玉の井では夢にも想像できなかった教育程度の高い女たちがである。

二十年三月の空襲で罹災後、田舎の親戚を回り歩いてさんざん苦労したあげく、やっと現住地である新興玉の井の墨田三丁目で、再び娼家をはじめることになった元玉の井三部の業者、横溝兼吉の家にもそういう娘が来た。

「歳は二十三で図抜けた美人でした。玉の井などで働く女でないことは一目でわかりましたが、どうしても使ってくれというので、それなら親御さんの許可を得てからにしようと、一緒に新宿の先の実家へ出かけました。ところが、先方の父親というのが、よくも娘を誘拐したなと、玄関先で威丈高に怒鳴りつける始末。

こっちも売り言葉に買い言葉で、つい喧嘩腰になり、あわや乱闘沙汰におよぶところだったが、娘の仲裁でどうやら冷静に返りました。娘の言葉によると、父親は東大出でガンコ一徹、しかも当時の東大出は米軍にも日本の官庁にも嫌われ、どこにも就職できない。

さりとて泥棒もできぬ。母が焼夷弾の直撃で亡くなり、弟妹をかかえて親子四人、毎日悲歎の涙に暮れていた。私が働かなければ一家四人心中するより他に道がないので、ついに思い切ってこの道を志願したのだという。

この娘はよく働いた。女子大出できりょう良しの癖に、朝めしの支度をし、風呂場の掃除までした。その上、ややこしい規則の問題などがあると、組合長なんかと一緒に警視庁へ出かけて行って、彼女がほとんど内容の説明をした。あとでこの娘が娼婦だときいて、警視庁の偉方もびっくりしたくらいでしたよ。彼女は三年間働いたあげく、貯金をつくって結婚しました。実家の方もその間むろん面倒を見ていたのです。あんないい娘は私の長い経営者生活で二人となかったですね」

横溝氏はつづける。

「女の問題はどうやら昔ほど苦労させられずに済むようになりましたが、米軍の意向で絶えず規則が変わったり、ひっくりかえったり、馴れるまでは商売のやり方がわからず、天手古舞《てんてこまい》でしたよ。

話が元へ戻りますが、焼け出されの末、最初私は現在の場所に長屋を見つけて、四十坪の土地を坪百円で買うと言ったら、大家兼地主はよろこんで手放したし、住人たちには引越料百五十円払ったら、みんな大よろこびで引越して行きました。当時の百円というのは大した金でした。

　長屋を改造して一軒家にし、部屋を二階に四間取って、昭和二十年十月からまた昔通りの銘酒屋を開業したわけですが、階下には椅子テーブルを置いてホールを作ったりしたので、本当に酒をのませたり、料理を出さなければいけないのだろうか、そうなると、コックや板前はどうするのかと、半信半疑で規則がのみ込めず、毎日組合事務所に入り浸りで、上の方からの指令を待ちました。これがあたしの戦後営業のはじまりです」

昭和二十年八月二十八日。

即ち、終戦後二週間足らずで、Ｒ・Ａ・Ａ（特殊慰安施設協会《レクリエーション・アンド・アミューズメント・アソシエーション》）の名の元に、

「新日本の発足と全日本女性の純潔を守るための礎石事業たることを自覚し、滅私奉公の決意を固めるため」

という宣言をもって、全売春業者首脳部、料理飲食業組合幹部、その他、関係官庁

役員等で、皇居前広場に設立宣誓式が行なわれた。

吉原や芸者屋組合長、三流処の接客連合組合長、その他玉の井、鳩の街など、公認私娼地の役員連が大手を振って役所や警察に出入し、鼻高々と接客婦の意義を開陳に及んだ。

役人たちはこれに対し、ただ頭を下げっ放しで、「何分、よろしく」の連発であった。


ところがである！

それから一月も経たぬうち、昭和二十年九月二十五、六日の両日には、各慰安所の一斉検診が行なわれ、その結果「芸者四割、その他二割程度」の罹病率を示す報告があり、続いて、翌二十一年三月十日にはＲ・Ａ・Ａの全施設に対して、進駐軍「オフ・リミット」（立入禁止）の黄色い看板を掲げたのである。

あまつさえ、中には麗々しくＶ・Ｐ「梅毒地帯」と付記したところもあった。

こうして、新日本再建の発足と、全日本女性の純潔を守るための、滅私奉公の大義をもって出発した、Ｒ・Ａ・Ａの施設は、発足以来わずか半年余りの短い生命で、もろくも崩壊してしまった。性病の力に敗けたのだ。業者にとってはたいへんな損失である。

そしてさらにおどろくべきことは、翌二十二年一月十五日には、勅令九号という、売春業者にとって命とりに等しい法律まで発令された。

昨日までは女をよろしく頼むと、もっぱら低姿勢一点張りであった政府の偉方や役所が、こんどは手のひらを返して、

「婦女に売淫させた者等の処罰に関する勅令」

という法律を出したのである。

業者連はぶったまげた。何がなんだかさっぱりわからない。

前年（二十一年）の十一月には次官通達で、家屋構造の改装、椅子テーブル等の設置、娼婦を従業婦と改める等、戦後売春史の性格をはっきり打出すよう、警視庁のほうから指示してきたのにである。

それがこんどは売春業者を取締まる法律が出たのだ。しかも勅令という天皇の名によってである。

天皇が売春に対する法律に御名御璽《ぎょめいぎょじ》を記したのは、売笑二千年の歴史でまさに空前の出来事であった。

勅令九号はわずか三条から成立つ法律だが、内容は業者にとって、死命を制するほどのものであった。

第一条　暴行または脅迫によらないで、婦女を困惑させて売淫させた者は、一万円以下の罰金に処する。

第二条　婦女に売淫をさせることを内容とする契約をした者は、これを一年以下の懲役、または五千円以下の罰金に処する。

第三条　前二号の未遂罪はこれを罰する。

以上

じつを言うと、この法律は売春防止法の前駆となり、売春制度改革の基本立法と見られるものであったが、業者の中にはそれに気づかず、こんな法律はおどかしだけだろうという、甘い観測もあった。

売春風俗業そのものを処罰する、と決めた点。未遂まで罰する点。これではまるで売春業者そのものが手も足も出ないことになる。業者の中にはこの法案の内容がつかめず、業者連があまりいい気になってのさばり出るので、ここらで一本釘を打っておこうという政府の魂胆なのだろう、といった解釈もはびこり、風馬牛に聞き流そうとする風潮さえ生じていた。

しかし、じつはこんなところにカラクリがあったのだ。前年の十一月に次官通達で、表面上からいえば、娼家が名目上特殊飲食店にころも更えした時点で、業者は女に部屋を貸すだけということで営業を黙認され、売春にまでは立ち入らなかったのである。

それを業者の方は従来からの慣例として、部屋を貸す以上、当然売春は附随するものと解していた。まさか三カ月後に勅令九号というとてつもない法律で、大上段に刀を振り上げられることは予期しなかった。

こうした背景の元に東京都でも二十四年五月三十一日、「売春取締条例」が制定され、この条例はたちまち全国に拡がった。皮肉なことにこの立案者は警視庁そのものだといわれている。一方では集娼政策を取っておきながら、片方では取締まりの条例をつくっていたことになる。

そして昭和二十七年（一九五二）講和条約の発効と同時に日本は独立国になり、「日本の恥部」を廃するという婦人議員たちの運動によって、同三十年、売春防止法案が国会に上程された。

ふだん政治問題などにはまったく無頓着であった娼婦たちも、売防法に関しては神経質になり、来る客、来る客にその問題でさぐりを入れた。戦後の玉の井は作家や芸能方面の文化人が影を没し、客の多くは労働者や職人、下級公務員などが多かったが、中には新聞雑誌関係の人も稀にはあり、そういう種類の客に対して娼婦たちはしつこく質問をくりかえした。

「あれは組合のほうで献金もしてあるし、えらい議員先生に手を打ってあるから、大丈夫だ。通過するはずがない。安心して働け」

と、業者は娼婦たちにハッパをかけてなぐさめたが、女たちにしてみればそんな気休めに安々と乗れなかった。戦後の娼婦にはしっかり者の智恵者もいたのである。

彼女らにしてみれば、こんな暢気な商売は二度と得難かった。貯金はできるし、恋愛も行動も自由だし、好き勝手なことができる。中にはセックスが好きで志願した者もいたし、遺伝梅毒をここの診療所で完治させた者もいた。

戦後の検診は峻烈をきわめ、腹や背にアセモができても、食い過ぎで口角がただれても容赦しなかった。ただちに入院看察ということになる。膣内の検査はクスコと称する膣鏡を内部に入れて見る念入りな検査をやった。

下級公務員の細君で十二年間、傍ら娼婦を勤め、家を新築した者もある。十二年というと、戦後の占領直後からほぼ売防法実施の日までである。

しかし、戦後娼婦たちの生活が明るくなったとはいうものの、玉代その他就業状況の点においては、戦前とほとんど変わらなかったのである。要するに、精神的な面で解放的になっただけで、昔通りの「借金証文」「転売契約」等も変わらなかった。

ただ、一身上の紛争などに際してすべての客観的な状勢が彼女らにつよく力をあたえるようになっていた。

ちなみに、赤線街（戦後売春地帯の呼称）でも場所と女によって多くの差があるが、玉代その他の計算をしてみると、当時娼婦が一日大体五人の客を取り、ショート五百円、泊まり千円として、計三千円。そのうち天引一割、三百円。取分が業者千六百二十円、娼婦千八十円という勘定になる。

娼家の収入になる一割天引というのが曲者で、これは営業雑費とか税金とかの名目になっているが、実際には不明の部分が多い。その昔、南喜一などが、けしからんと真っ向から攻撃したいわくつきの条目である。

娼婦は生理日も営業するとして、実働一カ月二十七日間で、二万九千百六十円、大ざっぱにいって大体三万円の収入ということになる。その中にはむろん、クリーニング代、ちり紙代、衛生費、化粧品代、組合費、洋服や下着代等も含まれる。但しこの相場は一時的なもので、戦後十三年間の物価の変動で、はげしい相違のあることは言わずもがなだ。

戦後の玉の井私娼街は吉原や新宿に比し、玉代も安かった。結局、それだけ富裕な客にめぐまれなかったわけである。規模も戦前の五、六分の一位しかなかった。特徴のあった蜘蛛の巣のような迷路もなくなり、場所も商店街の殺風景な裏通りで、オートバイやトラックも通り、色街の雰囲気などみじんも感じられぬ非情緒的な地形であった。

いずれにしても売春防止法は日の目を見ることになった。昭和三十年の第一回上程には否決されたものの、同三十一年五月二十一日、第二十四国会で全員一致可決された。それまで反対の意向をほのめかしていた赤線同調の議員連中も、ことここに至っては大勢に順応しなければ不利と見て、急きょ賛成側に回ったのである。

「明治の先覚者たちが、肉体を売ることは神を売ることである、との信念で、文字通り血と涙で続けてきた廃娼運動は、じつに八十五年目にして実を結んだのであった」(「国家売春命令物語」)

売春防止法の通過後は、どこの赤線街も気の抜けたようになった。娼婦たちは遅まきながら、身の処置を考えなければならず、彼女たちが生きていく上の、もっとも手っとり早い道である結婚に対して真剣になった。それには客の中から相手を物色するよりほか方法がなかった。人生における最高の重大事である結婚を、このようなスレスレの動機から選んだのである。

当たるも八卦、当たらぬも八卦、という運にまかせた。贅沢は言えなかった。労働省のレポートによると、結婚したいと答えるもの、独立して商売をやりたいと答える者が大部分で、堅気の生活をしたいと答えるものはわずかしかなかったという。

実施にはまだ二年も間があるというのに、急に足元から鳥が立つように、旅館や飲食店の女中、家政婦などとして住み込む者もあった。

そしてこれは業者にしても同じであった。売防法実施後いったんは純粋のバーやスナック、小料理屋等に引きつがれた店がほとんど多数だったが、特飲店時代とは営業収益の点でガラリと違い、赤線時代から居残りの女給さん達も長つづきしないので、いきおい他に転業の道を講ずるより仕方がなかった。

そしてこの赤線の最後と運命を共にしたものは、かならずしも業者と女給（娼婦）ばかりでなく、中働きと称する「組」の身内も同様であった。玉の井では戦前戦後を問わず、娼婦街で業務を営むすべての商人、おでん屋、寿司屋、支那そば屋、菓子、果物、玉子売り、氷屋、湯たんぽ屋、花屋等、悉くが組の身内で構成され、外部からの商人は入ることができなかった。

業者は盆暮に「組」に祝儀を渡し、一朝ことある時、業者たちの助ッ人にかけつけるのも、これら組員であった。戦後は規模の縮小と同時に、これらの中売りが当然減少したが、戦後も居残って昔通りの売り子をしていた組の連中も、また、売防法の実施と同時に、各自工員や小工場主、飲食店、運転手、労働者等に転職して、同一行動を取ったのである。

ちなみに、昭和三十二年三月末現在の玉の井業者数、一〇六軒。女給、二七五人（警視庁調べ）。売防法実施期間まであと一年を残して、この日以後、櫛の歯が欠けるように業者も女給も減少していった。

売防法実施当日の三十三年三月三十一日は、最後の夜を見送る日にしては余りに静かであった。どんな様子かと思って、以前勤めたことのある女連が顔を出したりしたが、すでに現役の女給たちは各自の道へ散って行き、あまりの淋しさになすところもなく、一時間ほど世間話をして帰って行ったものが多いという。

五、六軒、最後の夜をふん張って営業している店があったものの、店内はひっそりしたもので、時おり「蛍の光」や「ラバウル小唄」が聞こえ、冷酒に酔った客や女給たちの嬌声が、街路に洩れるぐらいの程度だった。

私の所属する作家団体、「新鷹会」のいまは亡き山岡荘八、木村学司の両氏は、赤線の最後を見届けるために、車で各所を回ったが、あまりにひっそり閑としていたので、拍子抜けして引き揚げてしまったと言っていた。

では、平常もっとも紅燈の巷を愛し、親しんだ、永井荷風はその日どうしたろうか。「断腸亭日乗」三月三十一日の項を繙《ひもと》くと、残念ながら「晴、正午浅草、アリゾナにて食事」としか記されていなかった。荷風は翌年の四月三十日に他界したのである。見ようによっては氏もまた赤線と運命を共にしたと言えるかもしれない。

十二時を過ぎると、時たま監視のパトロールが軒端を伝うように歩き、静かに夜が更けていった。赤線玉の井の灯は、おおむねこのようにして消えた。

戦後の玉の井（昭和31年）　戦後は、焼け残った、従来より北部で営業が行なわれ、特飲街といわれた。家具もガラス張りに椅子・テーブルを置いた旧カフェー様式になった。

新興鳩の街繁盛記

　戦後の東京の売春街でもっとも人気を高めたのは「鳩の街」である。だれがつけたかPigeon Streetというしゃれた名称が、そのまま時流に合い、人気につながったのも原因の一つだが、ここには吉原や新宿などと異なった伝統も背景もない、新興歓楽地としてのイキのよさが、長い戦争の疲弊から解放された多くの男達に、なによりも強い刺激と魅力をあたえた。

　戦後売春街の様相は戦前と一変し、外観はすべての点で明るくなったが、それでも、吉原新宿等の持つ潜在的な古い体臭は名前から受ける感じばかりでなく、どこかにその残滓をとどめていた。

　だが、鳩の街にはそれがなかった。女はおおむね二十一、二歳程度のピチピチした新顔が多かったし、きりょうもまず八十点ぐらいの者が揃っていた。映画女優も顔負けするような美女もいた。

そういう女たちが過去の売春街では見られなかった奔放な無邪気さで、遊客の袖を引いたのである。客というのは職業的な訓練を経た女よりも、ときにはこういう野放図な素人っぽい媚態に魅力を感じるものだ。

鳩の街が急速にひらけた理由の一つに、地理的な条件もある。隅田川の東に比較的上玉の揃った新興歓楽地が出現したという噂は、多くの遊客の好奇心をよんだ。場所が東京の中心から離れたところにあるのが、息抜きに一服の涼を求める人達にとってはかえって好都合な距離といえたかもしれない。

戦後復活した（といっても場所が少し違うが）本家の玉の井から、作家や芸能人の姿が消えて、貧しい土地柄の者ばかり集まるようになったのにひきかえ、鳩の街には逆に芸能人や作家等、戦時中はこういう社会から遠ざかっていた知識階級たちが、かなり足を運ぶようになった。

荷風さんはしばらく玉の井からごぶさたした後、ここに現われて、例によって土地に取材した「春情鳩の街」や「渡鳥いつかへる」を書き、吉行淳之介氏が「原色の

新興〝鳩の街〞　戦後、玉の井から分かれてできた売春街。かつてのこの種の街の陰湿さはなくなり、働く女性たちも明るく、インテリ型の女性もいた。ここから、永井荷風「春情鳩の街」、吉行淳之介「原色の街」などの文学作品もうまれた。

街」「驟雨」を書いたのは有名である。

余談になるが、吉行氏は娼家の「花政」に流連して作品を書いていたが、去り際、借金のカタに洋傘を置いていったという話が残されている。洋傘も当時は相当値打ちのあったものらしい。

ちなみにこの「花政」には、安岡章太郎、近藤啓太郎、市川海老蔵、三浦朱門、小島功、毎日オリオンズの土井、東宝の佐伯秀男等の諸氏がサイン帳に名を残している。いずれも三十年前の若き日の物語である。

当時の「花政」主人で、現在墨田区議をしている山崎政吾氏は語る。

「皆さん今のように偉くなろうとは思わなかったから、気がるにサインをおねがいしましたが、本来なら額に表装して飾って置きたいくらい貴重なものになりました。だが、そういうわけにもいかないので、大切に篋底《きょうてい》に秘めて保存しておきたいと思います」

山崎氏は数奇な過去を持ち、一時は玉の井でやくざの仲間に加わったことがあり、全身にその時代の名残りをとどめている。しかし市ケ谷刑務所に在監中、仏教書を読んで翻然《ほんぜん》と眼をひらき、「反省と努力」という自己の処世信念を得て、当時からの夢であった少年野球団を三十七年目に結成、現在はその会長をしている異色の人物である。

他に「鳩の街草話」の田村泰次郎。現代物「人間マーケット」のシナリオ・ハンチングに来た衣笠貞之助。俳優の小沢昭一は親友の加藤武にこの街の面白さを教え、加藤は夢中になって、うっかりＮＨＫのドラマ出演をとちってしまったというエピソードまで紹介している。

しかし新興歓楽地として多くの遊客からもてはやされるようになった鳩の街も、決して出発当初から華々しい歩みを見せたわけではない。それには約一キロほど北にあった旧玉の井娼家街の影響がつよくはたらいていた。

鳩の街の娼家はほとんど旧玉の井の業者に占められていた。新興とは言うものの、ここの娼家の経営者は、なんらかの点で旧玉の井の関係者だったのである。そのため、鳩の街というしゃれた名前が普及するまでは、大半の者がここを旧玉の井と同一視していた。

したがって、二十年三月十日の空襲で焼け出された業者や娼婦たちは、古巣に帰るような気安さで、元の場所に一番近い非罹災地の、後に鳩の街といわれるようになった、向島一丁目のこの一劃を新しい職場に選んだのである。彼らにとってこれほど好適な場所は他になかった。

向島の都電終点を一〇〇メートルほど西へ入った小商店通りの北裏側で、この一劃は東西に細長く、面積わずか千五、六百坪足らずだが、小住宅が密集している点では、あたかも旧玉の井の地形に似ていた。

いや、むしろそれ以上に、せまい通路が縦横に入り組んでいる点など、娼家街としての理想的な条件をそろえていた。玉の井創業当時からの嫌われものであった湿地源ともいえる大ドブもなかった。

焼け出されの旧玉の井業者連にとって、まさによだれの出るほど絶好の環境だったのである。

このような好餌を業者連がみすみす指をくわえて眺めている法はなかった。小梅、中ノ郷、柳島、白鬚、錦糸町等、産業戦士の多い工場地帯に近かったし、旧玉の井焼失後はなんとしても一時も早く、これら産業戦士たちの慰安施設が必要であった。

暗やみを利用した若い徴用工員による性犯罪が、毎日十件はあるという所轄署からの報告もあった。慰安施設の再開は軍需生産に大きな影響をあたえる。警視庁もついにこの一劃を営業再開の場所として踏み切った。

が、この一劃にはどこの家にも焼け出されの家族が、二組も三組も群をなすように同居していた。いかに産業戦士のためとはいえ、慰安施設再開を理由に、行く当てもない居住者を追い出すわけにはいかない。居住者の中にも産業戦士はたくさんいた。子供たちの教育のためにも、むろんよかろう筈がなかった。

それに、吉原などという伝統を背景に持つ場所とちがって、何から何までこの場所は自力でやらなければならなかった。官界に顔の広い吉原の業者などは抜目なく軍に運動して、統制の木材や建築資材を払い下げさせ、焼野が原に木の香も新しいバラック娼家をどしどし建てていったが、この一劃はなまじ焼け残った場所だけに、破損した古い家が多く、人間が氾濫して動きがとれなかった。

だが、買収者側にとって思いがけなく、天佑ともいえる一つの利点が発見された。それは全面積の約半分を占める六百四十坪、四十一軒が、旧歌舞伎俳優沢村長十郎の家作と判明したことである。買収者側にとって家主が一人であることは交渉に都合がよかった。しかも四十一軒という大量の家作である。

そのうち幅約五メートルの商店街通りに面した八軒は、到底警察の許可を得られないとしても、あとの三十三軒は努力次第でなんとかなりそうだ。

後年、鳩の街特飲街の組合長になった市川七郎氏等、旧玉の井業者の買収側は、こうした目安を元に昼夜を問わず大家の沢村家へ日参したあげく、熱意が通じて、どうやら五軒だけの買収に成功した。

行く当てのない住民たちも金には弱かった。立ち退き料は大人一人につき二百円、子供は百円で応じることになった。現在の目から見れば遊園地のアイスクリーム並みの料金だが、当時の二百円は大体大学出サラリーマンの一カ月半ぐらいの給料分に相当した。

とにかく、昭和二十年五月十九日、三月十日に旧玉の井が焼けてから七十日目にして、ここにまず五軒の娼家が開業することになった。これが鳩の街特飲街の開祖である。

鳩の街というロマンティックな名称はもちろん戦後に名づけられたもので、発足当初は旧玉の井の出店として、業者をはじめ、故郷に帰ることのできない焼け出されの娼婦連がここで働いた。

後年、鳩の街と玉の井を混同する人が多いようだが、戦後の玉の井は前章横溝兼吉氏の件りで記述した通り、業者が独自に旧地に近い大正道路（いろは通り）の北側、旧寺島七丁目で、しもたや工場等を買収し、別にぼつぼつ商売をはじめていた。しかしこの方は戦後の二十年秋ごろからで、鳩の街より半年ほど開業が遅い。

鳩の街が出発した五月にはまだ戦争もたけなわで、敗色濃厚ながら、物資欠乏や食糧不足にも堪え、国民はまだ完全に戦意を阻喪していなかった。

それにしても、平和な住宅街に突如私娼窟が出現したのには、爆弾には馴れっこになっている住民も仰天した。産業戦士の慰安はよいとしても、次代を担う少国民たちの教育は一体どうなるのか、男女の秘技を公にするような生活環境で、健全な子供が育つと思うか、など、反対派は主として街の女房連だったが、買収の有力者に食ってかかる有様。

私はちょうど、本所石原町にあった父の家が三月十日の空襲で焼け、遠縁にあたる鳩の街の入口南側五〇メートルほどの、鳴物師の家に短期間滞在していて、この成行きを興味深く見守った。

だがいかに土地の道義家や主婦連が頻繁に会合を重ねて、私娼窟設置に反対の声を放っても、当時の客観状勢としては、業者にとっては砂漠のなかの水、この場所が売春街に最適の地であることに疑いをはさむ者はなかった。

附近には明治以来伝統的な向島三業地があるし、子供の教育といっても、これまでの住宅を改装して設備さえ補強すれば、従来の三業地とそれほど性質の違うものでもない。軍と厚生省の後援で建築資材を回してもらう予定は、市川七郎氏らの運動で警視庁の斡旋が有力に働き、ある程度固まりつつある。

それに、何をおいても、たとえ五軒という少数にしても、すでに娼家が出来上がってしまった既成事実は動かし難かった。

大体こうした状況で大勢は銘酒屋開設になびき、五月十九日五軒の開業につづいて、日に日に娼家の数も増え、七月一日には早くも十八軒に。そして同月十日には業者四十軒、従業婦七十名をもって、完全に娼家街が成立してしまったのである。

終戦後、鳩の街の発展は早かった。

土地の人々の反対運動もいつか煙のように消え、反対の急先鋒に立った人々まで、逆に発展の側に回って尽力した。なにしろ進駐軍という、絶対至上の客を迎えることになったのだから、めったな応対もできない。

それのみか、どっと巷に溢れ出て落とす彼らの金は、まるで鉱脈が先方からとび込んできてくれたように、娼家をはじめ、街の人たちをうるおした。

遊興費の濫費は言わずもがな、貴重な肉の缶詰やバターなどの食糧品、洋服、下着、毛布の類に至るまで、彼らは街の者の需要を満たしてくれた。食糧や衣類不足に喘いでいた罹災者にとって、彼らは福の神に等しかった。現在の生活からは到底考えられない世相だった。

警視庁の通達に従って、家屋はどこの娼家も壁や柱が模造タイルに貼り替えられ、入口にはカフェー様式にテーブル、椅子、酒瓶等を置き、軒下には赤や紫のネオンが輝いて、わずか二、三カ月前とは打って変わった様相を示した。

物資欠乏を理由に出し惜しみをしていたガラス屋や電気屋なども、進駐軍の命令とあれば同業者に手を回して、隠匿物資を惜しげもなく出した。

戦争に女が付き物であることは歴史を通じての常識であるから、内閣のお偉方もこれにはいち早く手を打っていたので、全面降伏と同時に、すばやく特飲業者（特殊飲食店）らに対する女体作戦のシナリオはつくられ、この方面の布陣にぬかりはなかった。

た。

「鳩の街」という名称も、組合で協議の末この時期から正式に使用することになった。鳩は平和の使徒を象徴する。戦後の新しい街の名称としてはまさに打ってつけであった。

冒頭にも記したとおり、このロマンティックな名前は、後年この街の発展を助長する上で大きな役割を持ったのである。娼家街はその後わずか十二、三年の運命で終ってしまったが、鳩の街の名はなお三十年後の今日も通用し、土地の人々に親しまれている。ただし、この名前の発案者が誰なのかは永久にわかりそうもない。

創業当初は平屋建てわずか六畳三畳の二間《ま》だった貧弱な鳩の街特飲組合事務所も、急きょ、二階に会議用の大広間を持ち、階下は事務室と週一回行なわれる検診室を所有する本格的事務所に建てかえられた。

鳩の街附近には罹災をまぬがれた場所がかなりあり、向島三業地の一部もそうだが、名所旧蹟などがまるで申し合わせたように災厄を逃れている。

幸田露伴が次女文さんを得た蝸牛庵もそうだし、三囲稲荷、牛島神社、長命寺、弘福寺、白鬚神社等、有名な社寺も軒並み焼けなかった。参詣好きの花街の女たちにとって、これらの社寺も決して無縁ではなかったといえそうだ。

なかでもっとも異彩を放ったのは、隅田河畔に聳立《しょうりつ》する旧大倉別邸であった。ここは一時隅田川造船所に身売りされ、戦時中は海軍の将校集会所に当てられていたが、終戦と同時に日本観光企業会社に売り渡されて、料亭「大倉」に変身していた。

元々一般大衆には無縁の場所で、向島の堤を通る人たちは、

「あれが元大倉の別荘だ」

などと話し合うぐらいで、誰ひとり邸内を覗いた者すらない。

海軍の将校集会所にあてられてからはなおさらである。将校集会所とは言うものの、中でどんなことをしていたか外部の者には一切わからなかった。

大倉から二〇〇メートルほど堤を北へ行った白鬚神社の東寄りに料亭「入金《いりきん》」があった。

「入金」は戦時中陸軍の将校集会所のようなものにあてられ、こちらは自動車で出入りする者の悉くが陸軍将校で、その間に向島の芸者がチラホラと色彩をあたえていた。

——と語るのは、隣りの百花園の二階から覗いていた管理人のおばさんである。

これも一般の者には何をしているのかわからなかった。軍人の行動にはとかく秘密が多かったようである。ちなみに、「入金」は明治大正の作家や俳優に愛された割烹

旅館だったが、三月十日の空襲で焼失した。

元海軍将校集会所の大倉は、リバーサイド・パレスという名のもとに、戦後、進駐軍将校の慰安所になった。文字通りパレスにふさわしい建築で、階上階下総ひのき造り、天井建具の類に至るまで桃山御殿風の美術を応用し、大広間にある六個のシャンデリアは悉くドイツから取り寄せられたといわれる豪華な建物であった。

大倉喜八郎が明治四十二年以来五年の歳月を費やして竣工させたものだが、それ以前、天保のころは、二千石の旗本の身分で大名諸侯を怖れさせたといわれる権力者、中野碩翁の別荘跡であった。碩翁はここで数多くの美女を擁し、向島の伏魔殿と呼ばれて、権勢をほしいままにしたのである。

それが一転して海軍の将校集会所になり、二転、三転して進駐軍将校の享楽地リバーサイド・パレスになったというのも、なにやら女にからまる因縁かもしれない。

リバーサイド・パレスでは千疋屋《せんびきや》が出張して、毎夜のようにダンスパーティが開かれ、銀座のダンサーや向島のダンス芸者たちが将校の相手をした。勿論ダンスだけで済む話でないことは、男女関係の自然の成行きであろう。

だが殷賑《いんしん》をきわめた進駐軍景気も、その後一月ほどすると駐留兵の交替で、第一次

旧大倉別邸（昭和32年）　明治の政商大倉喜八郎の別邸。戦時中は海軍将校集会所、戦後は料亭「大倉」、さらに進駐軍将校の慰安所「リバーサイド・パレス」へと変身した。

上陸軍兵士ほど金を使わなくなった。第一次の兵士は給料が貯まっていたし、実戦で危険な目に遭遇していたので金使いも荒く、その上、極度に女の肌に飢えていた。

それが二次三次と交替するに及んで、次第に兵士たちも日本の事情を解するようになり、打算がつきまとうようになった。なにも殊さら金を使う必要はない、自分らも日本の婦女を楽しませているのだという意識が働き、逆に職業婦人をオンリー（特定の娼婦）にしてヒモ的存在になる者も増加した。

タバコ、缶詰、衣料品等、それまで娼婦らへの手みやげに持参した品を、反対に売りつける者さえ出てきた。その値段も日本の闇値スレスレ。かれらの経済観念も進歩したのである。

これらの米軍物資は売っても買っても現行犯として罰せられるのだが、MP（憲兵）も知らん顔をする者が多かった。触らぬ神にたたりなしの心境か、あわよくば自分らも売り手に回りたい心境だったのだろう。

鳩の街あたりを自動小銃を肩から提げた黒人のMPが、せまい通路をノッシノッシと歩き、若い娼婦が家の中から、

「ハロー！」

と声をかけると、立ちどまって嬉しそうに、

「コンニチワ」

などと受け答える風景をよく見かけた。

金力と物資だけを媒介にしていた彼らとの関係も、それらの欠乏と同時に次第に人情が芽生え、中には日本女恋しさに脱走して、オンリーの処へ隠れる兵隊もいた。

アメリカ軍の軍規がどういうものになっているのか私らには判らなかったが、私の近くの家では、黒人の軍曹が街娼をやっていた女のヒモになって隠れ住み、その娘とも肉体関係を持ってのんきに暮らしていたのを見かけている。要するに母娘のヒモである。

私は記者を装ってこの母子に近づき、唐人お吉の例をあげて、人柱になるのも一時の辛抱などと話したことがある。彼女らはまんざらでもなさそうに、この言葉を受取っていた感があった。但し、近所の人の話では三角関係の争いが絶えず起きていたようで、結局、ある日脱走軍曹がＭＰに拘引されて幕になった。

アメリカの人種問題は深刻だから、たとえ短期間でも白色により近い日本女性の肌に愛されたという事実は、或いは彼らの持つ人種的偏見の緩和に多少は役立ったかも

しれない。

ところで、人種問題は肌の色ばかりでなく、体格の上にも歴然とあらわれ、日米間に一悶着生じたのである。進駐軍将校でれっきとした白人のH大尉はリバーサイドの常連で、殊に向島三業地でもグラマーで評判のS姐さんがお気に入りであった。

H大尉はほとんど毎晩のようにリバーサイドに通い詰め、将校だから身だしなみもよく、玉代ははずむし、手みやげの缶詰類なども決して売りつけるようなことをしない。が、たった一つの欠点は、来るたびに必ず三回戦を要求することだった。

グラマーなので、それまでにも外人相手に相当軍功を経て、そのほうに対しては多少の自信を持っていたS姐さんも、さすがに疲れ果て、次第にH大尉を敬遠するようになった。だが休みを取るのは職業女の恥である。彼らの全力投球には大和撫子の意地として、全力をもって応じなければならない。

しかし、S子はついにダウンした。胃下垂で苦痛に堪えられなくなったのである。そして医者による精密検査の結果、これは胃下垂ではなく、胃上昇ともいえる症状であることが発見された。

これも異人種間の肉体的不調和が生じた現象だったらしい。H大尉は本国でも相当の遊び手だったが、そういう現象はかつて起きなかったという。

その結果、各慰安所の組合を通じて、その際の基本的教育を改めて指導することになり、どういう要領でやれば相手が満足し、自分も疲れずに済むか、老練な男女の実際家によって、各娼家でも実践することになった。

ところで、実際はそうした枝葉末節以外に、業者の死命にかかわる大きな問題が、着々と慰安施設を取りかこんでいたのである。それは、前章、旧玉の井の項ですでに触れたが、昭和二十年九月二十五、六の両日、各慰安所で最初の「一斉検診」が行なわれたことであった。

その結果芸者が四割以上、その他が二割以上の高罹病率を示し、さらに翌二十一年一月になると、占領軍将兵の性病は破局的様相を示すに至った。米軍のある部隊では68％が罹病していた。

都衛生局からGHQ（米軍最高司令部）に性病レポートが提出され、それによると、R・A・A（前章で紹介ずみ。特殊慰安施設協会、後に国際親善協会と改称された。日本政府の要請で進駐軍慰安を目的に設置されたもの）に所属する日本人慰安婦は90％が保菌者であり、米海兵隊の一個師団を調べたところ、70％が保菌者であることが判明した。

ＧＨＱはただちに厚生省の役人を呼んで叱りつけた。とはいえ、日本にばかり一方的に責任があるとはいえない。この病気の伝染経路は電光石火だし、米軍将兵が日本でのみ罹病したとはかぎらない。米軍は日本進駐以前に、東南アジアやその他の国々にも駐留していたのだから、日本の女の方が逆に被害者だったかも知れないのである。昭和二十一年三月十日、占領軍当局はついに最後の断を下し、ＲＡＡ所属のすべての慰安所に、占領軍が立入ることを厳禁する命令を出した。すなわち日本の全施設に対して「オフ・リミット」（立入禁止）の黄色い看板を掲げた。

それでも当初は禁止を無視してひそかに慰安所にやってくる者もあったので、こんどは麗々しく「梅毒地帯」と付記した。進駐軍と売春街一帯の日本娼婦との関係は、Ｒ・Ａ・Ａ（特殊慰安施設協会）の発足以来、わずか半年余りでここに絶縁、協会は消滅した。

鳩の街の女は旧玉の井の女に較べてはるかに身なりがよかった。

それは玉の井が工場街のうらぶれた場所にあるのに反して、附近に向島三業地や数多くの名所旧蹟を擁し、向島という土地自体が江戸時代から一流の場所に位する関係もあったが、原因の多くは、ここで働く女の稼ぎ高と境遇が、物を言ったと解釈したほうが適当かもしれない。

玉の井時代の女は親のために身を沈める貧困者の娘が多かったが、鳩の街の女は一般家庭の子女が多く、教育があった。売春生活に対する意識も相違していて、妙に卑屈にならず、論理的解釈をする者も大分いたようだ。

動機も貧窮が原因するといった切実なものがなく、特にオフ・リミットになる前などは、外人相手に英語の一つも交えて商売ができるという好奇心も手伝い、その上金が儲かるのだから、これくらい重宝な稼ぎ場所はない、といったくらいの考えで働く女もいた。

昭和二十五、六年頃の雑誌調査では、百五十万円以上二百万円未満の貯金を有する者が十七人いた。当時の物価から言えば、土地家屋付き中流程度の洋館が建てられたのである。ちなみに、山崎政吾氏が二十五年に鳩の街の娼家を一軒買った当時の値段は、土地家屋付き三十七坪、権利金共で三十万円だったという。

因習というものが比較的少なかったのが、他の赤線地域に比して、鳩の街が繁盛する原因の一つだったように思われる。

この街の業者は90％が玉の井の前経営者で占められ、中には国枝薫、市川七郎、清水錠三郎など、旧玉の井時代に二軒も三軒も娼家を経営していた大物業者もいた。玉の井時代の陰湿な旧慣が潜在的には残っていなければならぬ筈なのだが、鳩の街という環境に変わった途端、彼らはこの街の新風に同化した。要するに、新しい女の子の持つ自然発生的な風習に押し切られたのである。

玉の井時代には「ちょっと、兄さん」だったものが、ここでは「お兄さん」になった。玉の井時代よりは総じて言動動作も叮嚀だったし、身なりにもことさらエロティックを売物にするような、ピラピラのまがいものをひけらかす風も見えなかった。

つっころばしのありのままを見てくれといわぬばかりの、自負がうかがわれた。地方出身の娼婦に多く見られた武骨な怒り肩や、骨格のたくましい女が影を没して、人間がすっかり都会化されていた。化粧や衣服の着こなしにもそれが自然にあらわれ、旧玉の井時代とちがって、女は一様にごまかしのない格好で店先にいた。

すぐそのまま外出しても通行人に怪しまれそうもないほど、一般的な容姿だった。これは一つには進駐軍の指令で、往来から見て、一目で屋内の職場の起居動作がはっきりと見通せるようになったためもあるが、大半はやはり女たちの自覚に基づくものが多かったようだ。

旧玉の井のように延々と止めどなく暗い路地のつづく街とちがい、千五百坪にも満たぬ狭い娼家街全体がすっぽりと商店や住宅に囲まれて、一歩外へ出ればもう通常の街中に融け込んでいた。

オフ・リミットになったとはいうものの、週二回はMPの監視が来るし、組合の注意もあって、風呂屋へ行くにもしどけない風態を禁じてある。そのため娼家には戦後内風呂の設備のあるところも大分できたが、同伴以外は街の風呂屋を利用する女が多かった。

このへんには松の湯、有馬湯、少し離れて北側に花の湯、大宮湯などがある。余談になるが、おもしろいことに、どこの遊廓や娼家街でも、昔から中央に場所を占めるのが大抵松の湯であるというのはいったいどういうわけなのであろう。

直侍が肩に手ぬぐいをひっかけて通ったのも、吉原のまん中にある揚屋町の松の湯だったし、旧玉の井の松の湯も二部と三部のド真ん中にあり、そしてまた鳩の街の松の湯も商栄会（鳩の街商店街）通りの中央にあり、裏手は一面娼家街であった。享楽街のまん中になぜ松の湯があるのか。松と湯はどんな因果関係が存在するのか。

それはさておいて、鳩の街の評判が高まるにつれ、ここで一稼ぎしようとする抜け目のない女も増えてきた。

容姿に自信を持ち、まともに玉代を稼ぐ気のある女なら業者も大歓迎なのだが、なかには鳩の街へ行きさえすれば金になると、漫然とやってくる者もある。

この社会には少ないインテリ型の女もいたので、客もそれなりのサラリーマン階級が多く、大学教授の未亡人や高官の娘が一度は身を沈めたものの、よい伴侶を得て再び堅気の社会へ戻り、幸福な家庭をつくったというケースもある。

だが、稀にはアプレ型の女に借金をふみ倒される失敗もあった。この街の業者はいずれも旧玉の井の生え抜きで、長い経験を持つ者が多かったから、蟻《あり》の穴ほどのごまかしもきかぬくらい眼が肥えていたが、ときにはその裏をかく剛の者もいた。

無邪気そのものの生娘が、この社会に入って、客に喜ばれるのは当然だが、そういうタイプの女がそのままこの世界のスターになるとは限らない。素人あがりの娘はどうしても我儘が出て、選りごのみがはげしく、長続きしなかった。

そこへ行くと、高級バーの女給やダンサー、芸者などからの転向者は一応垢抜けして、客あつかいにも柔軟な機微を心得、客受けのコツを知っている。なおかつ容姿がすぐれ、美貌の持ち主とくれば、まるで羽衣の天女同様、男性にモテぬはずがない。

鳩の街でも中程度のE家に、ある日一人の娼婦志望者がきた。顔もいいし、身体の均整もとれ、喫茶店の経験はあるが、このほうはないという。しかも母親同伴である。故郷は仙台で年は十八、母親ともよく似ていた。一見してわかるのは、幼な顔にもセックスが好きそうな感じを備えていることだった。

この社会の女では、ご当人がセックス好きというのが一番売れっ子になる可能性をそなえている。好きこそ物の上手なれであった。しかも母親は前借をしたいという。この程度の玉なら前借など業者にとっては願ってもないことで、前借は一種の縄に通じる。

大体赤線における「玉」の仕入れには、親元から来る「親出し」、桂庵の手を経る「桂庵玉」、業者同士のたらい回しに用いる「紹介」、または「ひろい」という、業者の側から行きずりの女に声をかけてそのまま雇ってしまう、この四種類があり、その中でも親元から来るのがもっとも信用が置けた。

だが、仙台で女給をしていたとはいうものの、色も白いし、垢抜けしているのがちょっと気になる。言葉も標準語に近かった。

そこで事情をきいてみると、それほど実家が貧窮というのではないが、この娘の姉が男にだまされて吉原に売られ、二年間でたちまち十万円の借金ができてしまった。姉は身体が弱いので先が思いやられる。ついては自分が評判の鳩の街に身を売って、姉の借金を返したいという。姉妹愛の美談だった。

E家では二日後、昔通りの証文を取って現金を渡した。

それが運の尽きだった。娘は簞笥や布団など身の回りの物に三万円ほど金をかけ、二週間後にドロンしてしまった。簞笥の中には洋傘が一本入っていただけだった。宮城県にあるという親元や吉原の姉といわれる女にも当たってみたが、いずれも架空の人物で、存在しなかった。

ヒモのあやつる玉抜きはこの社会の通例でいくらもあるが、母子ぐるみのサギは珍しい。しかも前借制度が戦後は法的に固く禁じられ、表沙汰にできない穴を狙った犯罪である。鳩の街の盛業を巧みに利用されたわけであった。

しかしこれは結果的には姉のヒモの入智恵で、親娘三人が操られていたことがわかり、妹はその後きれいに借金を返した。

鳩の街には他に名物婆さんの「広瀬ふじ」というのがいた。

ドス黒く汚れた手拭いで白髪を覆い、埃にまみれた一張羅の銘仙を引きずるようにして、毎夜、雨の日も風の日も引け（十二時）近くなると、次のような歌を哀調をこめて流して歩いた。

〽私ゃ廓に咲く花よ
　泣いて別れた両親《ふたおや》に
月が鏡であったなら
　写して見せたいわが心――

広瀬ふじは新潟県の貧農の娘で八人兄妹の長女。十二の年に子守り奉公に出され、十六歳のころ見知らぬ男に女郎に叩き売られた。しかも売った男は親の回し者だった。口惜しくて実家へ逃げ帰ったが、結局、家のために辛抱してくれと泣きくどかれて、以来、転々と女郎稼業やだるま茶屋に住み込んだ。

そのうち一人の若い男のプロポーズを受け結婚し、やれ嬉しやと思ったのも束の間、満州事変、日支事変、太平洋戦争と世界大戦に突入し、男は両足をモギ取られてしまった。夫の収入では到底生活できなかったので、だるま茶屋時代におぼえた歌を利用して、稼ぎの足しにしたというのである。

〽ところも知らぬ名も知らぬ
　いやなお客も嫌われず
　夜毎に交わす仇まくら
　これも切ない親のため――

たあいない文句だが、ふしぎに哀調を帯びて人を惹きつけ、店の女給たちや酔客がホロリとして、百円、十円等の金を彼女の汚れた手に握らせたという。

親にだまされて生涯のスタートを誤まったにもかかわらず、この老女にとっては、なおかつ親の愛情は彼女の一生を支配する指針になったようだ。

広瀬ふじにはもう一つのエピソードがあった。それは、当時（昭和二十五、六年頃）医者仲間を戦慄させた、患者を装って強盗を働く「患者強盗」事件というのがあり、その犯人の山本銀次郎なる男が、鳩の街へ泊まった夜、思いがけなくこの婆さんの切々たる哀愁のこもった歌をきいて胸を締めつけられ、年貢の納め時とばかりに自首して出たのである。

いかに殷賑を誇った鳩の街も世の大勢には勝てなかった。

売春に対する取締条例は、性病予防、風紀取締、風俗保安等、種々の名目の元に、日本全国に渡って、時々刻々、浸潤していたのである。

昭和二十七年（一九五二）四月二十八日、日本の独立と共に、婦人議員たちによって売春防止の活動は日一日と活力を帯び、売春防止法という確固とした法案が日の目を見るに至った。

三十年、第二十二国会で婦人議員が提案した売春等処罰法案は否決されたものの、三十一年五月十二日には委員会で可決。同年五月二十一日、第二十四国会で全員一致可決され、法律第一一八号として公布されるに至った。

業者側にしてみれば、良家の婦女を護るための防波堤として警視庁から説得され、犯罪捜査にまで協力したにもかかわらず、今度は独立国としての恥部であるという理由によって否定されたのである。なんとも寝ざめのわるい最後であった。

鳩の街も、「昭和三十年、従業婦三二九名、業者一〇八軒」という数字をピークに「三十一年、三二五名、業者一〇七軒」「三十二年、二四四名、業者九六軒」と、次第に従業婦も業者も減少傾向を辿《たど》った。売防法施行時の三十三年はわずか三カ月しかなかったので、正確な数はつかめなかった。

どこの赤線街でも従業婦は売防法施行日の一年位前から、身の振り方をつけ、転身する者が多く、従って娼家はあてもなく店じまいをするところが目立った。

ここでは他の赤線街のように、売防法施行後、バーやスナックに変身する家が少なかった。狭い一劃では客を集める目算が立たなかったのである。ほとんどがしもたや、や小工場等、元の姿に戻った。赤線時代ならともかく、わざわざ遠方からこういう場所へ、コーヒーや茶をのみに来る風流気のある者もなかった。

盛業中は他の赤線街の三分の一位しかない狭い地域で、よくぞこれだけの、しかも飛び切り上等の従業婦が集まったものだと、通客らに舌をまかせたものだったが、いざ赤線のコロモをはがしてみると貧乏街としての外観が目立った。

現在でも区劃や通路は赤線当時のままで、ところどころの家にはまだ模造タイル張りの構えやピンクの壁が残り、それらの外装の名残りが、なお一層ありし日の街の様相を貧しげに露呈させている。ここには一軒のパチンコ屋も映画館もない。周囲は悉く小商工業者や古い住宅で占められ、せまい道路と人通りの多い場末の感じだけが残った。

旧大倉別邸のリバーサイド・パレスは進駐軍兵士のオフ・リミットと共に、船橋に移築され、あとにはビール会社の倉庫が建てられ、向島三業地がわずかに昔の面影を残しているとはいうものの、古い待合など今は廃屋化して取りこわしを待つ状態である。芸者も総じて高齢になり、街を歩く姿もなんとなく覇気にとぼしい。現在は二三〇名ぐらいいるという。ただ、区民祭でベートーヴェンの第九交響楽の大コーラスに参加したことだけが、向島芸者の意気を高めていたとでもいえようか。

一つの新しい景観として、土堤下にラブホテルらしい建物がぼつぼつ新築されているが、これは附近住民の物議をかもしている。法律で禁止した売春が、ソープランド、マントル等、出張売春に姿をかえ、再び盛大に日の目を見るようになった現在、あらゆる反対を押しのけて売春禁止法を通過させた多くの婦人議員たちも、いまはおおかた泉下に眠っているだろうが、今日果たしてどのような眼でこの社会現象を眺めているだろう。

あとがき

昭和六十年三月から十一月まで「大衆文芸」に連載された拙稿「玉の井」が、このたび、内容に補筆改訂を加え、「玉の井という街があった」と題して、立風書房から宗田安正氏のご厚意で上梓を見ることになりました。

生涯にたった一つの作品になってもよいから、玉の井を書こうと考えついたのは、今からちょうど七年ほど前の昭和五十四年秋ごろです。ある遊廓史を読んでいるうちに、ふと、霊感のように脳裡にひらめいたのでした。

吉原やその他数多くの遊里には、さまざまな文学書、あるいは史実、解説、演劇、絵画等がたくさん残されていますが、玉の井に関するかぎり、いかに歴史が浅いとはいえ、区史、稗史《はいし》、その他雑録的地誌等に、ほんのお義理程度に過去の存在を示すわずか二、三行の解説記事があるだけで、永井荷風の例の「濹東綺譚」以外には、これはという文献も殆ど見当たりません。

関東大震災から、戦後、売春防止法実施の日までの、たかだか三十五、六年位しかない、遊里としてはまことに短い、はかない寿命であったとはいうものの、昭和初頭から中期に至る黄金時代には、毎日、毎夜、何千何万というファンが足を運んだものです。そしてそのなかには、数多くの名士が含まれていたことも、ご一読ねがえればお判りいただけることと思います。

あの、暗い陰湿な、独特の曲がりくねった迷路、家構え、娼婦の呼び声、これらが一つの青春の讃歌として、この土地を踏む者にどれほどつよい思い出を植えつけたことでしょう。遊里としての生命が短ければ短いなりに、なお一層記録的なものが要求されなければなりません。

そんなことを考えているうちに、あるいは私自身にその執筆者としての責任があるのではなかろうかという、自負のようなものを漠然と感じさせられました。幸い、私は、かつての居住地が玉の井に近かったというだけでなく、戦前のもっとも玉の井華やかなりし時代に、青年期を過ごしています。

また、何万、何十万という玉の井体験者も現在は老齢期に入り、彼等とて、わずかに往年の雰囲気を、回想の中のイメージとしてとどめているのが実情で、もうすでに、その細部については忘れ去られていることが多いと思われます。

そこで、いささか過剰な思惟に属するかもしれませんが、そういうものを掘り起こして、玉の井という街を立体化し、記録に近い形式で書いてみようという気になりました。

月日は、流れ作業のような速さで遠ざかっていきます。売春防止法が布かれ、赤線街が消滅してからでさえ、すでに三十年近い歳月を閲しています。

人間というものは永久に未知を追う歯車みたいなもので、昨日あったものが今日はなくなるのです。何千年前の栄華の夢が、たった一つの城壁にだけ残されている場所が、世界の到るところにあります。過去に華やかな女の街があったという事実を、そっと歴史の一齣にとどめておくのも、一つの記録として重要なことになるかもしれません。

だが、この小文は私一人の力によるものではなく、先人の遺した数少ない文献等を参考にするとともに、往時の玉の井に実際に娼家を営んでいた人々、または土地の古老、その他オールドファンからの聞き書き等に負うところの大きかったことは、いわずもがなです。更に、名も知らぬ行きずりの人達によっても、多くの貴重な知識を授けられました。しかも彼等の幾人かとてすでにこの世にいないかも知れません。なかでも、数々のお世話になった平川明、山下三郎、横溝兼吉の諸氏が、小著の上梓を待たずに他界されたことは、私にとってかえすがえすも痛恨に堪えないことがらです。

昭和六十一年十月

前田豊

解説　玉の井、夢幻泡影

井上理津子

「それでも、男にも女にも必要なところ」という文脈で、こういった街は世に紹介され続けてきた。遊郭の女性には情があった、遊郭からはみでる人たちを私娼の街が救った、戦後の赤線は一般女性を守るための防波堤の役目を果たした、云々。おそらく六十代だった男性の書き手が一九八六年に著した本書は、戦前戦後の私娼街・玉の井を振り返った記録だから、そんなこんなの必要論や「昔はよかった」的な回顧が満載なんだろう、きっと、と思って読み始めたらちょっと違った。

著者の前田豊さんは、大上段に必要論を振りかざさない。女性の解放運動を「ありがた迷惑」ととらえるなど時代の限界はある。当然ながら男目線だが、〈男性が女性を排泄の対象にえらぶなど、ずいぶん女性を愚弄した行為に取れるが〉と始めのほうにある。いわば「ごめんなさい」を前提に、前田さんが実際に見聞きし、体験し、丁寧に文献を調べて、玉の井の街を案内していく。

と、ここで「前田さん」と馴れ馴れしく呼んだのは、ネクタイを緩く結び、肩パットの入った背広を羽織った戦後まもなくの〝ブンヤ〟的いでたちで、ニヒルな表情を浮かべながら（というのはすべて想像です）玉の井に通ったであろう氏の姿が、行間からありありと見えてくるからだ。読み進むにつれ、相当な賑わいを見せたにもかかわらず、渾沌とした面を切り捨てて文学的詩情に力点をおいて描かれた『濹東綺譚』以外にこれといった文献が見当たらない玉の井の街を、書き残しておきたいというまっすぐな思いが伝わってきた。

浅草十二階下にあった銘酒屋群が一九二三年の関東大震災で焼けだされ、すでに五、六軒が営業していたこの一帯に移住してきたのが、一大私娼街・玉の井が形づくられるきっかけだという。銘酒屋とは、店頭に酒瓶を置くなど飲み屋を装って、店内に私娼がいる店のことだ。

〈古い陰気な屋根つづきの、みすぼらしい二階家が立ち並ぶ私娼街〉

〈外側中央にハート型マークのついた色つき壁。赤い軒灯。両脇に入口と小窓〉

そんな表現に、心がくすぐられるではないか。数多くの文人たちも惹き寄せられたのである。しかも、ラビラント——いったん入り込むと抜け出せないような蜘蛛の巣状の迷路の中だ。玉の井は、大店が整然と並ぶ吉原のように、曰く「靴下や下着の破れに引け目を感じる必要」もなく、財布に幾分のお金さえあれば、だれもが足を運べる街。軒を連ねる娼家に同じ寸法の小窓が開かれ、女性が一人ずつ座っていたとは。私はそのような風景を、大阪の飛田遊郭と重ねて思い描いた。

米騒動の年一九一八年に後進の遊郭として誕生した飛田にも、公道と公道の隙間に何本かの路地がある。そこにも娼家が連なり、上がり框《かまち》にちょこんと女性が座っていた（その形式は今も続いている）。玉の井の〝売り〟が、卑近な言葉で言えば、男性が「手っ取り早く、安く」日常の延長で遊べることで、女衒が全国を回り、貧しい家庭の娘を買ってきて、供給したのも飛田と同じなら、男たちがそんなことお構いなしに、路地に厭世観を抱いたりしながらひとときの〝恋愛〟に夢中になったのも同じだと。

かつて飛田の古老に、軍靴の音が響く時代には出征を前にやって来る若者が絶えなかったと聞いたとき、頭の中でしか理解できなかったが、同様のことを前田さんは自身の目で見ている。

〈出陣の前夜、この地に最後の歓をかたむける歓送の青年団旗などが、娼家の店口に立てかけてあるのをよく見かけたものだ〉

リアルな風景が浮かび上がってくる。

さらに、玉の井と飛田との類似点をあと二つ。女性たちの花柳病検診と、戦後のいち早い復興である。私は飛田内にある経営者団体の事務所の階上で、定期検診の場だった診察室の名残りを伝える扉やトイレを見て、寒々とした思いになったことがある。玉の井では「昭和病院」という病院で検診が行われていたと前田さんは記す。

〈検診台は四台、衝立てで仕切られて並んでいた。（中略）この場合の医師たるや、インターンまがいの若い人が興味本位に混り、好奇心半分の検診もあったようで、住民や娼婦の評判もあまりかんばしいとは言えなかった〉

余談として、戦後に吉原病院を取材した時のことを、こうも書いている。

〈私は三日間ほど取材に通い、白衣を着せられてつぶさに検診の実況にも立ち会ったが、記事を書くのがいやになり、執筆を放棄した〉

繰り返すが、前田さんは手放しで玉の井という街を褒《ほ》めてはいない。表も裏も、逡巡しながら筆を進めているのだ。

空襲で飛田は焼け残ったが、玉の井は全焼した。建物がある状態からの復興ですら大変だったのに、焼け野原と化した後の復興はその比ではないだろう。飛田の経営者たちは一致団結して、戻ってくる女性たちを「疑似家族」のように扱って経営資源とした。玉の井では少し北側に集団移転する（そして、近くの非被災地にも集団移転して「鳩の街」ができる）。戻ってくる女性に加えて、飛び込んでくる「バリバリの素人娘」を受け止める傍ら、役所や警察と通じ、ＲＡＡ（特殊慰安施設協会）も設けられる。飛田同様、玉の井も赤線となって瞬く間に息を吹き返した——。

ちなみに、渾沌ぶりを呈した玉の井の路地では、この先に進んでいいのかと首をかしげる男たちに向け、「ぬけられます」「近道」などの案内板が一種の〝名物〟となるわけだ。

一方で、飛田で聞いたことのなかった「出方」という言葉を本書で初めて知った。手元の辞書には「芝居茶屋・相撲茶屋などに所属し、客を座席に案内したり、飲食物の世話をしたりする人」とあるが、前田さんは窓に座る女性のことを指す業界用語だと説明している。驚いたのは、「主人出方」と呼ぶ、経営者の妻や〝妾〟自身が窓に座るケースもあったことだ。背に腹が代えられないよほどの事情からなのか、もしくはそれほどにあっけらかんとしていたのか。前田さんは言及していないが、後者ではなかったかと私は想像する。

文中に、後年前田さんが「玉の井もずいぶん大きな街になりましたね」と声をかけた土地の老女に、「まったくその通り。玉の井の街がこれだけ大きくなったのも、みんなあの女たちのお陰です。女がいなけりゃ街は繁昌しませんよ」とニヤッと笑って返されるシーンがあり、読後妙に尾をひくからだ。淡々としたこうしたせりふに前田さんの主題を感じ取れる。

本書を読んで、玉の井の残照を求めたくなり、足を延ばした。

浅草から東武電車でわずか三駅目。車窓からスカイツリーの巨大な足元を望んでいるうちに、「玉の井駅」が名を変えた東向島駅に着いた。駅員さんに「赤線だったところへ行きたいんですが」と言うと、「線路沿いに少し戻って、一つ目の信号を右へ」とすらすらと答えてくれた。しかし、洋品店や八百屋が点在するに過ぎないかつてのメインストリート「玉の井いろは通り」では、

「あのお商売の人たちは店屋物が好きですから、お寿司屋や天ぷら屋がいっぱいあったんですけどね」

地元のご年配は申しわけなさそうだった。周囲はごく普通の住宅やマンションやアパート。どこの下町にも見られる乾いた風景でしかなかった。

ところが、通りから斜めに続く路地へと、小住宅が密集する区画に足を踏み入れると、途端に方向感覚を失った。道と住宅の境界線が、でこぼこな上に、行き止まりの箇所もある。右に左に歩を進めるうちに、赤線時代の名残りのような建物が目にとまり始める。

タイルが張り巡らされた外壁がゆるやかな曲線を帯びていたり、二階に手すり付きの木枠の窓枠があったり。文化住宅の側面に緑色のペイントの跡が見えたり。空気が湿ってきた、と思えてきたとき行き当たったのが、赤いひさしテントが目をひくスナック「恋心」だった。すでに閉店して長いのか、植木がドアを閉ざし、「車ぬけられません」とぶきっちょに手書きした木札が立てかけられていた。かつての案内板のパロディーだろうか。

この日、行き着いたのは、本書にも登場する東清寺という禅寺だった。境内に、大きな真新しい永代廟があった。

「近年建て替えるときに、以前の納骨堂に納められていた身元不明の方のお骨も合祀しました。なので、娼家で働いていた女性の方も含まれていると思います」と、若い住職。

「当寺は玉の井の入口に当たりましたので、女性が仕事の行き帰りに寄って、手を合わせるのが、街の決まりだったそうです」とも聞いた。私の頭の中に浮かんだのは「夢幻泡影」という四文字熟語だ。前田さんの案内で、訪れてみたかったなと思った。


（いのうえ・りつこ　ルポライター）

本書は、立風書房より一九八六年十二月に刊行されました。

本書の一部に、今日では差別的とされる表現がありますが、歴史的価値と著者が故人であることを考慮し、原文通りとしました。また、名称なども初版刊行時のままとしました。

寺島町奇譚（全）　滝田ゆう
電気ブランを売るバー、銀ながしのおにいさん……戦前から戦中への時代を背景に、玉の井遊廓界隈の日常を少年キヨシの目で綴る。（吉行淳之介）

大場電気鍍金工業所／やもり　つげ義春コレクション　つげ義春
つげ義春自身の青春時代が色濃くにじむ自伝的作品を集める。東京下町の町工場に働く少年やマンガ家を目指す若者の姿を描く。（赤瀬川原平）

やくざと日本人　猪野健治
やくざは、なぜ生まれたのか？　戦国末期の遊侠無頼から山口組まで、やくざの歴史、社会とのかかわりを、わかりやすく論じる。（鈴木邦男）

荷風さんの戦後　半藤一利
戦後日本という時代に背を向けながらも、自身の生活を記録し続けた永井荷風。その孤高の姿を愛情溢れる筆致で描く傑作評伝。（川本三郎）

永井荷風　ちくま日本文学
あめりか物語 より　ふらんす物語 より　すみだ川　西遊日誌抄　日和下駄　濹東綺譚　花火　断腸亭日乗 より（小沢信男）

エロ街道をゆく　松沢呉一
セックスのすべてを知りたい。SMクラブ、投稿雑誌編集部、アダルト・ショップなどエロ最前線レポート。欲望の深奥を探り、性の本質に迫る。

ぐろぐろ　松沢呉一
不快とは、下品とは、タブーとは。非常識って何だ。公序良俗を叫び他人の自由を奪う偽善者どもに〝闘うエロライター〟が鉄槌を下す。

サンカの民と被差別の世界　五木寛之
歴史の基層に埋もれた、忘れられた日本を掘り起こす。漂泊に生きた海の民・山の民。身分制で賤民とされた人々。彼らが現在に問いかけるものとは。

春画のからくり　田中優子
春画では、女性の裸だけが描かれることはなく、男女の絡みが描かれる。男女が共に楽しんだであろう性表現に凝らされた趣向とは。図版多数。

旅情酒場をゆく　井上理津子
ドキドキしながら入る居酒屋。心が落ち着く静かな店も、常連に囲まれ地元の人情に触れた店も、それもこれも旅の楽しみ。酒場ルポの傑作！

ちくま文庫

玉《たま》の井《い》という街《まち》があった

二〇一五年七月十日　第一刷発行

著　者　前田豊（まえだ・ゆたか）
発行者　熊沢敏之
発行所　株式会社　筑摩書房
東京都台東区蔵前二―五―三　〒一一一―八七五五
振替〇〇一六〇―八―四一二三
装幀者　安野光雅
印刷所　中央精版印刷株式会社
製本所　中央精版印刷株式会社

乱丁・落丁本の場合は、左記宛にご送付下さい。
送料小社負担でお取り替えいたします。
ご注文・お問い合わせも左記へお願いします。
筑摩書房サービスセンター
埼玉県さいたま市北区櫛引町二―六〇四　〒三三一―八五〇七
電話番号　〇四八―六五一―〇〇五三

ISBN978-4-480-43281-0 C0136